# PROCÈS

DE

# M. L. XAVIER AUGUET.

IMPRIMERIE DE BÉTHUNE,
Rue Palatine, n. 5.

# PROCÈS

## DE

# M.L. XAVIER AUGUET,

ACCUSÉ

## DE NON - RÉVÉLATION DE COMPLOT

### CONTRE LA SURETÉ DE L'ÉTAT.

*Au profit de familles malheureuses.*

**Prix : 3 fr.**

**PARIS,**

CHEZ DENTU, LIB., PALAIS-ROYAL, GALERIE D'ORLÉANS;
ET CHEZ ED. BRICON, RUE DU VIEUX-COLOMBIER, N. 19.

1831.

# PROCÈS

DE

# M. L. XAVIER AUGUET,

ACCUSÉ DE NON-RÉVÉLATION DE COMPLOT CONTRE LA SURETÉ DE L'ÉTAT.

On a eu l'heureuse idée de recueillir les diverses pièces du procès de M. Auguet, et de les livrer à l'impression avec la brillante plaidoirie de M. Hennequin, son défenseur. Cette cause doit nécessairement inspi rer le plus vif intérêt, non seulement aux royalistes exposés comme lui aux poursuites du ministère public, mais encore aux jurisconsultes qui verront avec le plus grand plaisir une question neuve traitée avec autant de talent que d'érudition, celle de non-révélation de complot. Cette question a été approfondie par M. Hennequin de manière à ne laisser rien à désirer; ainsi cette brochure intéressera le public sous deux points de vue bien distincts. En droit, elle exposera les véritables principes sur la non-révélation de complot et sur l'importance qu'on doit attacher aux lettres anonymes en matière politique.

( 6 )

En fait, cette affaire prouvera que ces royalistes tant décriés méritent cependant quelque respect. Certes ce n'est pas un spectacle sans intérêt que de voir les débris de cette opinion vaincue, relever un front que le malheur n'a point humilié, et contempler les vainqueurs d'un œil calme et intrépide. La nation française est généreuse : elle s'est toujours montrée passionnée pour le courage dans quelques rangs, dans quelqu'opinion qu'il se rencontre. Mais il y a des choses qui ne trouvent jamais grâce devant elle, ce sont la trahison et la lâcheté, c'est le courage après la victoire, lorsque déjà la foudre ne tonne plus et qu'il est permis d'être brave impunément.

Intéressante d'abord, sous le point de vue qui vient d'être indiqué, pour les personnes versées dans la connaissance du droit, cette cause, dans laquelle on savait que M. le procureur-général Persil, qui n'avait pas pris la parole depuis le procès des ministres, soutiendrait lui-même l'accusation et aurait à lutter contre M. Hennequin, ne pouvait manquer d'offrir un attrait puissant à la curiosité du public. Aussi dès long-temps avant l'audience, une réunion nombreuse se pressait-elle dans l'étroite enceinte de la cour d'assises. On y voyait grand nombre de dames parmi lesquelles on remarquait avec un vif sentiment d'intérêt la jeune épouse de M. Auguet.

Un peu avant midi, on introduit le prévenu. Ses nombreux amis s'approchent de lui avec empressement, lui serrent affectueusement la main et lui expriment à l'envi le vœu que justice lui soit rendue.

La cour prend séance, et le greffier fait l'appel de MM. les jurés, qui se placent dans l'ordre ci-après:

| MM. | Viard. | MM. | Lombard. |
|---|---|---|---|
| | Hibault. | | Dubois. |
| | Boys-de-Loury. | | de Monseygnat. |
| | Balmat. | | Salaun. |
| | Couasse. | | Moucelot. |
| | de Louviez. | | de Lapeyrière. |

Après les questions d'usage adressées par M. le président au prévenu, qui déclare se nommer Louis-Xavier Auguet, exercer la profession de négociant et demeurer rue Villedot n° 11, le greffier donne lecture de l'arrêt de renvoi, duquel résultent les faits suivans :

Voici les faits qui résultent de l'arrêt de renvoi :

Le 15 février dernier, M. Auguet, signalé comme ayant assisté au service célébré la veille pour M<sup>gr</sup> le duc de Berri, dans l'église de St.-Germain l'Auxerrois, fut arrêté ; une perquisition fut faite à son domicile ; on y trouva divers papiers, et notamment une note au haut de laquelle sont écrits au crayon les mots suivans : *Pour M. Augué.* Cette pièce est ainsi conçue :

« Ne jamais nommer. —Résultat numérique des officiers d'honneur à la connaissance.—On s'occupe de lever les obstacles qui empêcheraient dans le cas de l'entrée ( ou de lenteur ). —L'espérance pour l'Espagne exagérée. —La solde des hommes, tâcher d'y pourvoir au moins quelque temps, jusqu'aux moyens de là-bas. —Autorisé à parler au général Vincent. — Quelqu'un est en Espagne. — Adresser pour l'Espagne une liste nominative d'officiers et soldats qui voudraient y servir ; l'adresser hors de la frontière, à Don Carlos Pabelo, poste restante, à Madrid. »

L'instruction à révélé que depuis le mois de juillet le prévenu a fait deux voyages en Angleterre, et que la première fois il s'est rendu au château habité par le roi Charles X. La Cour royale a cru reconnaître, d'après ces pièces et ces documens, l'existence d'un complot tendant à armer les citoyens les uns contre les autres, et elle a renvoyé devant la Cour d'assises le sieur Auguet, comme prévenu de ne l'avoir pas révélé dans les vingt-quatre heures, ainsi que l'exige la loi.

M. le président au prévenu : la prévention n'a pas fait assigner de témoins à charge ; c'est donc seulement sur les pièces trouvées chez vous et sur les deux voyages qui vous sont attribués, que cette prévention sera fondée ; c'est sur ces divers points que je vais vous demander des explications.

D. N'avez-vous pas fait plusieurs voyages en Angleterre ?

R. Oui, monsieur, j'y ai fait au moins dix voyages

depuis 1825, époque à laquelle j'y ai fait un séjour d'un an.

D. Quels motifs aviez-vous de faire ces voyages ?

R. Après des pertes considérables, j'ai quitté l'état militaire pour aller étudier le commerce en Angleterre ; depuis je n'ai cessé d'entretenir des relations commerciales avec ce pays ; j'y ai encore des marchandises à vendre et des effets à recouvrer.

D. Combien de fois y êtes-vous allé depuis le mois de juillet ?

R. Deux fois ; la première fois c'était au mois d'août ; passant par Southampton, j'ai voulu faire une visite aux augustes exilés qui vivaient dans les environs ; ils ne recevaient personne, je n'ai pu voir que S. A. R. M<sup>gr</sup> le duc de Bordeaux. La seconde fois, je ne suis allé qu'à Londres : c'était au mois de janvier dernier.

D. Lors de votre second voyage, n'êtes-vous pas allé aussi à Lullworth ?

R. Non, monsieur, je ne pouvais y aller, puisque la famille royale n'y était plus.

D. N'avez-vous pas au moins, lors de ce dernier voyage, eu des relations avec les ex-ministres ?

R. Non, monsieur, je ne m'y suis occupé que de mes affaires.

D. Lors de votre retour en France, n'êtes-vous pas allé au château de M. d'Ambray.

R. Oui, monsieur ; huit ou dix jours après mon retour, ayant appris que M. le vicomte d'Ambray était malade, et désirant lui faire mes adieux avant mon départ pour l'Espagne, je suis allé le voir à son château de Montigny.

D. Vous êtes-vous entretenu avec lui d'affaires politiques et des intérêts de la famille royale?

R. Nous avons parlé de la famille royale avec intérêt; tout le monde sait mon opinion sur ce point; nous n'avons rien dit de plus.

D. Avez-vous su qu'il y eut à Paris et en France des personnes qui s'occupassent à ramener l'ex famille royale ?

R. Non, monsieur.

D. Cependant vous receviez chez vous beaucoup de personnes attachées à cette famille?

R. J'ai eu de tout temps un jour fixé par semaine pour recevoir mes amis, c'était le jeudi; ces réunions étaient consacrées à la musique et non à la politique.

D. On a trouvé chez vous une note qui fait la base principale de l'accusation, la reconnaissez-vous?

R. Oui, monsieur.

D. On lit en tête ces mots écrits au crayon : *pour M. Augué.*

R. J'avais lu d'abord Dupré.

D. Vous avez déclaré dans votre premier interrogatoire que vous aviez trouvé cette note dans un hôtel garni de la rue Sainte- Anne?

R. Voyant l'importance qu'on y attachait, j'ai cru qu'en l'attribuant à un étranger, les recherches seraient moins longues, et que la liberté me serait plutôt rendue. Au reste, si je m'étais senti coupable, je ne serais pas resté tranquille chez moi; je ne se-

rais pas surtout venu quatre fois au parquet rede-
mander mes papiers.

D. Je vous ferai observer que vous parlez-là de
faits antérieurs à votre interrogatoire , et qui se sont
passés à une époque où vous aviez été relâché, parce
qu'on n'avait pas encore examiné vos papiers ; mais
que c'est après votre seconde arrestation que vous avez
déclaré avoir trouvé par hasard ces papiers à l'hôtel
de Courlande, en cherchant un appartement. Puisque vous reconnaissez que cette version n'était pas
exacte, expliquez maintenant comment cette note
vous est parvenue?

R. Le dimanche 15 février, on l'a apportée chez
moi, avec deux chansons, dont une a même été saisie
à mon domicile ; le paquet a été remis à ma domestique ; il m'est impossible de donner à cet égard
aucune explication ; je ne sais d'où venait ce paquet.

D. Cet envoi n'était accompagné d'aucune lettre ?

R. Non, monsieur, mon nom était même mal écrit
en tête de la note , car je l'écris *Auguet*, et il y
est orthographié *Augué*.

D. Quel sens attachez-vous à cette note ?

R. Je ne sais ; elle est très-obscure , on peut très-
bien croire qu'il s'agit d'enrôlemens constitutionnels
pour l'Espagne : je ferai même remarquer que dans
l'hôtel de Courlande avait habité un officier qui recrutait dans ce sens.

D. Vous voyez que votre première réponse con-
tenait un mensonge bien circonstancié, puisque vous
saviez qu'il avait existé dans l'hôtel de Courlan

un officier qui recrutait pour les constitutionnels espagnols.

R. Je croyais par-là rendre, ainsi que je l'ai dit, l'instruction moins longue.

D. Quelle idée supposez-vous à la personne qui aurait fait remettre cette note à votre domicile ?

R. Je lui suppose l'intention de me nuire, et je l'attribue à une manœuvre de police, ou à un motif de vengeance personnelle.

D. Vous admettez donc que le style de cette note est coupable ?

R. Je ne sais ; je n'y comprends rien.

D. Croyez-vous que ces mots : *espérances sur l'Espagne exagérées*, puissent s'appliquer aux en-rôlemens constitutionnels ?

R. Oui, Monsieur.

M. le président continue à lire plusieurs phrases de la note au prévenu, qui persiste à déclarer qu'il n'y attribue aucun sens, puisqu'il ne les comprend pas. Quant à l'article où il est question du général Vincent, il déclare qu'il ne le connaît pas.

D. Ce qui ferait penser que la note vous est re-lative, c'est l'indication qui la termine, d'adresser les lettres à Madrid, poste restante, à Don Carlos Pabelo.

R. C'est précisément le contraire. Devant partir quinze jours après sa réception pour l'Espagne, ces instructions m'étaient absolument inutiles.

D. Quel but aviez-vous en allant en Espagne ?

R. Celui d'y faire un établissement de commerce.

D. Votre femme ne devait-elle pas s'y rendre avant vous ?

R. On ne peut supposer que j'aie voulu laisser une jeune femme de 28 ans faire seule , avec deux enfans , un aussi long voyage.

D. N'avez-vous pas fait des pertes dans votre commerce ?

R. Non, Monsieur, j'y ai au contraire fait des bénéfices ; mes pertes ont eu lieu avant mon entrée dans le commerce ; c'est même ce motif qui me l'a fait entreprendre.

D. A votre retour d'Angleterre, n'avez-vous pas apporté une lettre qui a été remise à son adresse par votre épouse , pourriez-vous dire le nom de la personne à laquelle elle était adressée ?

R. Le même motif qui a empêché ma femme de nommer cette personne m'oblige à m'en abstenir ; je ne veux pas l'exposer à être tourmentée par des assignations et à venir déposer devant la justice.

D. Vous connaissez sans doute une lettre dont le brouillon existe au dossier, et dans laquelle votre épouse , en envoyant la lettre que vous avez rapportée , donne des détails sur votre voyage en Angleterre.

Ici M. le président donne lecture de cette lettre où l'on remarque les passages suivans :

« Mon mari est arrivé hier à minuit, je t'envoie à la hâte, ma chère amie, la lettre de M. de B.; j'espère que tu ne trouveras pas que j'ai mal fait ; j'ai tant de choses à te dire ! La famille qui nous

intéresse est on ne peut plus mal logée; le château est cependant magnifique, mais des pièces
énormes, mal meublées et disposées de manière
à ce qu'on ne peut y loger tout le monde; entre
autres M. B. qui loge dans le village, et M. de
Pol... etc... Il n'est pas question de quitter le pays,
au contraire, on parle d'aller habiter le château de
lord Arundel, à trente milles de Londres.

» Le chef de la famille est abattu, il ne reçoit
personne; la mère du petit Auguste est à Bath;
la tante est à faire un petit voyage; nos craintes
n'étaient au surplus que trop fondées, et il y a un
peu de froid. Tu t'es bien moquée de moi pour le
Dauphin revenant....

Le prévenu interrompant : Il n'y a point revenant, il y a ressuscité.

M. le président : Le mot revenant est très-lisible;
au surplus, la lettre passera sous les yeux de
MM. les jurés. (M. le président continue la lecture.)

» Cependant on n'est pas si incrédule que toi dans
le pays d'où mon mari vient. Je voudrais te voir
pour te dire bien des choses qui t'étonneraient.
Adieu, ma chère Joséphine; je ne sais si tu me
comprendras. »

D. Il résulte de cette lettre que vous êtes entré
avec votre épouse dans des détails très-circonstan-
ciés sur votre voyage.

R. C'est très-vrai; mais je n'ai qu'un mot à dire
pour prouver qu'il n'avait pas été question de conspiration, car le Dauphin ressuscité, c'est Louis

XVII, et certes on ne peut pas croire que je sois allé à Lullworth pour conspirer le retour de Louis XVII.

D. Quelle est la personne désignée par les initiales de M. de Pol....!

R. Je suppose que c'est M. le duc Armand de Polignac.

D. Qui a donc pu engager votre épouse à donner d'autres explications sur ces initiales ?

R. Je n'en sais rien ; ma femme ne se souvenait plus de ce que je lui avais dit : je ne sais même pas si je lui avais parlé des noms propres, mais je dois le supposer.

D. Qui peut, encore une fois, avoir déterminé votre épouse à ne pas s'en expliquer lorsqu'elle a paru pour la première fois devant le juge d'instruction ?

R. Je l'ignore ; elle était très-émue.

M. le président : Je vais donner lecture de quelques-unes de ses réponses ; elles sont faites avec une fermeté et une sagacité qui ne laisse pas supposer qu'elle fut dominée par l'émotion. Voici cette déposition :

D. Quel est le nom de la personne à qui votre lettre était adressée ?

R. Ah ! par exemple, je ne vous le dirai pas, car vous la feriez appeler devant vous.

« Vous voyez, dit M. le Président, que ce n'est pas là le fait d'une femme timide. (On rit et tous les regards se portent sur madame Auguet, qui est

présente à l'audience, et qui sourit elle - même.)
M. le Président continue la lecture de cette déposition.

D. On pourrait penser que dans votre lettre il s'agit de l'ex-famille royale.

R. Je n'explique rien , et je vous laisse penser ce que vous voudrez.

D. Je ne pense rien : mais je dois supposer que vous agissiez de concert avec votre mari.

R. On ne juge pas les personnes sur des intentions.

D. Quel est le nom de la personne que vous désignez sous les initiales de Pol...?

R. Je n'en sais rien.

D. Cette ignorance n'est pas supposable surtout à l'égard d'une personne que vous aviez soin de ne désigner qu'à demi.

R. Je n'ai rien à répondre, je vous ai dit que je n'en savais rien.

D. Quelles sont les personnes qui , d'après votre lettre, doivent aller habiter le château de lord Arundel ?

R. Je n'en sais rien.

D. Quand vous parlez du chef de la famille qui est abattu, et ne reçoit personne, ne s'agit-il pas de Charles X ?

R. Non.

D. De qui s'agit-il donc alors ?

R. Je ne sais.

D. Que signifient dans votre lettre les mots *le Dauphin revenant?*

R. Je voulais parler de Louis XVII, que plusieurs personnes en France croient encore n'être pas mort.

D. Quelles autres choses aviez-vous encore à dire à la personne à qui vous écrivez, ainsi que vous le lui annoncez au bas de votre lettre?

R. Je n'en sais rien.

D. N'avez-vous pas fait des quêtes?

R. Oui, Monsieur, j'ai quêté pour les blessés de la garde royale et pour de pauvres royalistes qui mouraient de faim. Cette quête a produit 600 fr.

On passe à l'audition de divers témoins appelés à la requête du prévenu.

Le premier est M. Dussuau de Lacroix, citoyen des Etats-Unis, qui a connu le prévenu à la Nouvelle-Orléans.

Le prévenu : Je prie M. le Président de demander au témoin quelles étaient dès-lors mes opinions; cela m'importe beaucoup, car j'ai été accusé d'avoir varié dans mes opinions.

Le témoin : J'ai toujours connu M. Auguet comme très-attaché à la famille des Bourbons; depuis que j'habite Paris, j'ai été souvent à ses soirées; on y fait de la musique, on y joue l'écarté, mais on ne s'occupe pas de politique.

M. le Président au prévenu : Vous ne niez pas, d'ailleurs, que vous ayez de l'attachement pour l'ex-famille royale?

R. Non sans doute.

D. Vous êtes même convenu que vous désiriez la voir revenir ?

R. Cela est vrai, mais j'ai expliqué à quelles conditions je voulais voir revenir Henri V.

Les autres témoins déposent de la connaissance qu'ils ont eue, avant les événemens de juillet, du projet formé par le prévenu, d'aller s'établir en Espagne ; l'un d'eux, M. Siret, ex-commissaire de police à Calais, certifie que depuis 1825 jusqu'en 1830, M. Auguet est passé huit ou neuf fois en Angleterre.

La femme Lalinard, domestique du prévenu, dépose que, le 13 février, on lui a remis un paquet un peu plus gros qu'une lettre ordinaire ; elle ne sait quelle est la personne qui l'a apporté, mais elle avait l'air d'un commissionnaire. « J'ai remis, dit le témoin, ce paquet à Madame qui l'a remis à Monsieur. »

M. le Président au prévenu : On a trouvé 7,000 fr. chez vous ; d'où provenait cet argent ?

R. De mon commerce.

D. Quels motifs aviez-vous de désirer le retour d'Henri V ?

R. Aucuns, si ce n'est mon désir de voir revenir le Roi légitime ; j'ai dit que j'espérais dans Henri V, élevé à l'école du malheur, revenant dans un âge plus avancé et rappelé par le vœu de la nation.

D. Vous pensez donc qu'Henri V doit revenir rappelé par la nation ?

R. Sans nul doute, je le crois, c'est ma conviction. (Sensation.)

M. Persil, procureur-général, qui assiste en personne à l'audience, a la parole pour soutenir l'accusation. Il s'exprime en ces termes :

« Messieurs les jurés, que la postérité ait de la peine à croire qu'un trône qui avait de l'ancienneté et des partisans, qui se disait appuyé sur une classe d'hommes qu'il avait enrichis, et une armée nombreuse et dévouée qu'il avait comblée de faveurs, se soit écroulé en trois jours ; l'histoire contemporaine lui fera comprendre que c'était la conséquence nécessaire de ses arrières pensées, de sa mauvaise foi, de la violation des sermens qu'il avait prêtés en s'élevant parmi nous.

» Mais cette même postérité nous taxerait de présomption et d'imprévoyance, si, après la chute de la branche aînée des Bourbons, nous avions pu nous persuader que, revenus du premier effroi, ses partisans ne conservaient aucune espérance ; que ralliés franchement à la nouvelle dynastie, qui ne règne que sous une condition d'égalité qu'ils ne comprennent pas ; ils avaient renoncé à toute tentative de ressaisir le pouvoir qui leur donnait distinctions, faveurs et fortune.

» Si nous avions pu nous laisser prendre à leur résignation apparente, la conduite qu'ils ont tenue depuis nous aurait révélé leurs vœux, leurs projets, leurs tentatives. Des renseignemens arrivés de toutes parts, du midi, de l'ouest, ne nous auraient pas permis de douter qu'il existait un plan pour ramener la famille déchue, soit à l'aide de l'étranger, soit par des efforts tentés à l'intérieur, soit par l'un et l'autre moyen.

» L'autorité, instruite à temps, suivait tous les développemens de cette coupable intrigue ; elle s'occupait à en rechercher les auteurs, à en réunir les preuves, lorsqu'éclata l'événement de Saint-Germain-l'Auxerrois, qui, répété au même moment dans les principales villes de France, devait sans doute servir de signal aux conjurés.

» Des arrestations furent faites, des perquisitions eurent lieu, et c'est alors que l'accusé Auguet fut signalé, ou comme l'un des agens les plus actifs de la conspiration, ou comme en connaissant, sans les avoir révélées à la justice, toutes les combinaisons.

» Le sieur Auguet assistait au service qui eut lieu le 14 février pour le service du duc Berri. Ce n'est pas un crime sans doute de prier pour un prince de la maison déchue ; mais dans les circonstances où nous nous trouvions, cela pouvait annoncer de mauvaises dispositions. Qu'aurait dit Charles X, si, en 1828 ou 1829, on eut publiquement fait un service pour Bonaparte ?

» Depuis la sortie de France de Charles X et de sa famille, le sieur Auguet a fait deux voyages en Angleterre. On croit qu'il y a vu les ex-ministres Capelle, d'Haussez et Bourmont ; il y a vu la famille royale, et à son retour, il a rapporté des lettres.

» A la suite de la perquisition faite à son domicile, on trouve des caricatures et des épigrammes contre le Roi , une lettre de sa femme , annonçant entr'autres choses le retour du Dauphin , une note remise au sieur Auguet, et conservée par lui, contenant tous les élémens d'un complot ou au moins la preuve qu'il en avait connaissance; et enfin, diverses listes contenant les noms de quelques personnes qui avaient fait des offrandes ou des souscriptions. »

M. le procureur-général insiste surtout sur la note citée dans l'arrêt de renvoi. «On a fait observer au prévenu, dit-il, que cette note pourrait prouver qu'il aurait pris part à ce complot contre la sûreté de l'État, il a répondu : « L'accusation est injuste , car mes opinions ont toujours été exprimées publiquement, et j'ai toujours déclaré que toutes mes espérances étaient pour Henri V; mon opinion est que les français eux-mêmes le rappelleront. Je reconnais Louis-Philippe pour mon Roi de fait, mais non pour mon Roi de droit, parce que je ne crois pas à la souveraineté du peuple. »

Ici Mᵉ Hennequin, défenseur de M. Auguet, se lève et dit : « Pour éviter toute fausse interprétation, je prie M. le procureur-général de me permettre de lire dès à présent cette partie de l'interrogatoire de mon client. »

» L'accusation est injuste, a dit M. Auguet, je n'ai jamais dissimulé mes opinions : j'ai toujours déclaré que tous mes vœux étaient pour Henri V, mais Henri V élevé à l'école du malheur, et non entouré de ces intrigans qui ont perdu la France et qui la perdraient encore nécessairement s'il revenait maintenant. Mon opinion est que les Français le rappelleront. »

D. Expliquez-vous.

R. Je parle de ces courtisans de la cour déchue, qui, nécessairement feraient partie du conseil de régence si Henri V revenait avant sa majorité.

D. Ainsi, vous ne reconnaissez pas pour votre Roi Louis-Philippe ?

R. Pour mon Roi de fait, oui; mais de droit, non, parce que je ne crois pas à la souveraineté du peuple.

D. Ainsi vous faites des souhaits pour le retour d'Henri V ?

R. Oui, dans le sens dans lequel je me suis déjà exprimé.

D. Ainsi, il n'est pas étonnant que vous vous occupiez dès à présent du retour d'Henri V ?

R. Je ne m'occupe nullement de ce retour ; je n'ai pas mission pour cela ; le rétablissement de ma fortune est la seule pensée qui m'occupe.

M. le procureur-général reprend la parole, et après s'être attaché à faire ressortir les contradictions du prévenu, il continue ainsi :

« On a souvent dit, Messieurs, et on ne manquera pas de vous rappeler que la révélation n'est pas dans nos mœurs , qu'il y a en France une sorte de dignité qui empêchera toujours de la regarder comme un devoir. Il faut s'entendre : la délation est sans doute odieuse, et nulle loi ne fera un devoir de s'y livrer ; il en est de même de la dénonciation des délits ordinaires ; mais il en doit être autrement lorsqu'il s'agit de la révélation des crimes qui touchent à la sûreté intérieure de l'État. Alors le patriotisme , d'accord avec la loi , fait un devoir de la révélation ; la délicatesse serait ici mal placée.

» Une autre observation vous sera présentée par la défense : elle vous dira qu'avant de poursuivre la non-révélation du complot, il faut commencer par prouver l'existence de ce complot. Je réponds : que le complot est dans la nature des choses. Il est impossible qu'un trône soit tombé en trois jours , sans qu'il y ait ensuite des hommes passionnés qui soient disposés à sacrifier le bonheur du pays à ce qu'ils regardent comme leur intérêt personnel. Jetez enfin un coup d'œil sur les provinces de l'ouest , et dites-nous s'il n'y a pas eu et s'il n'y a pas encore de complot pour ramener Henri V.

» Sans doute, la défense dira : mais entre quelles personnes ? quel but ? quel moyen ? quel temps pour l'exécution ?

» M. Auguet nous demande ce qu'il sait mieux que personne ; mais qu'importe à l'accusation si elle ignore toutes ces circonstances, pourvu qu'elle prouve qu'il existe un complot, et que le prévenu le connaissait ? Or, cela résulte des pièces trouvées à son domicile, et notamment de la lettre de sa femme, écrite au moment où il arrivait d'Angleterre, et dans laquelle, après avoir transmis les nouvelles du sieur B., après avoir parlé de la position de la famille de Charles X, elle ajoute que dans le pays on croit au *Dauphin revenant*, ce qui fait allusion au retour, à la rentrée du duc d'Angoulême.

» Il est vrai que M. Auguet a cherché à expliquer cette phrase en disant que sa femme entendait parler du fils de Louis XVI, qu'un conte absurde réputerait encore vivant. Mais l'explication n'est pas admissible : d'une part, ce conte suranné ne trouverait plus de partisans, et de l'autre, ce n'est pas sous le titre de Dauphin qu'il le désignerait, mais sous celui de Louis XVII. »

Ici M. le procureur-général répond à une des expressions de la note, et s'attache à établir qu'elle ne peut se rapporter qu'à un complot.

« Messieurs les jurés, dit ce magistrat en terminant, ce n'est pas une inutile vengeance que nous venons vous demander. Dans l'intérêt de la société nous cherchons à empêcher des commotions politiques, et nous pensons que le meilleur moyen de les éviter, c'est de réprimer ceux qui pourraient les amener. Quelques mois, une année de prison, peuvent éviter l'effusion du sang.

» Si une sévérité assez active avait été déployée dans les premiers temps dans les départemens de l'ouest, ils ne seraient peut-être pas en proie aux agitations qui s'y font sentir ; des gardes nationaux y ont trouvé la mort. Si les premières tentatives eussent été réprimées, le sang n'eût pas coulé ; en cachant les conspirateurs sous la dénomination de non-révélateurs, on leur eût appliqué une peine légère, et rien ne troublerait le bonheur dont nous sommes appelés à jouir sous le meilleur des rois. »

M. Auguet prend la parole.

« Messieurs,

» Le moyen le plus sûr de repousser l'accusation qui pèse aujourd'hui sur moi, et de prouver combien je suis peu propre au rôle qu'elle m'assigne, est de vous esquisser le tableau de ma vie entière.

» Je suis né au plus fort de la révolution, et je puis dire que j'ai connu la persécution presqu'en naissant. Ma mère m'a donné le jour au milieu des angoisses les plus cruelles, causées par la présence de nombreux garnisaires qui avaient envahi sa demeure pour s'emparer de mon père, honnête commerçant, que ses principes religieux et politiques avaient aussi rendu criminel aux yeux des puissances d'alors. Il n'avait échappé à leurs persécutions que par la fuite, et en allant chercher un asile dans d'épaisses forêts , où il contracta une maladie à laquelle il dût plus tard la perte de la vue.

» J'avais à peine reçu les premières caresses de ma mère, que celle-ci, pour me dérober au baptême national, faisant violence à sa tendresse, me choisit un refuge au milieu des montagnes du Beaujolais, où je restai jusqu'au moment où le calme vint succéder à ces jours de terreur.

» Dépouillé par suite des persécutions dont ils avaient été l'objet, de la plus grande partie d'une fortune honnête, mes parens durent, pour subvenir aux frais de mon éducation, s'imposer les plus grandes privations. Fils reconnaissant, je ne négligeai rien pour répondre à leurs bontés, et les dédommager de leurs sacrifices par quelques succès que j'obtins dans mes études.

» Mon éducation était à peine terminée, lors du retour des Bourbons. Mes parens qui, dès ma plus tendre enfance, s'étaient appliqués à graver leur souvenir dans mon cœur, en me parlant souvent de leurs infortunes, accueillirent leur retour avec des transports que je partageai, et renonçant sans hésiter aux espérances qu'ils avaient fondées sur moi pour leur vieillesse, ne prenant conseil que de leur dévouement, ils me firent embrasser l'état militaire.

» En 1815, fidèle à mes sermens ainsi qu'à mes affections, je suivis le Roi à Gand, et n'en revins qu'avec lui.

» Dès la formation de la garde royale, je fus admis dans ses rangs. Mais, quelque temps après, l'intérêt de mon avancement me fit passer dans un régiment de ligne, où effectivement, sur les notes favorables transmises à l'égard de ma conduite et de mon instruction militaire par les inspecteurs généraux, je fus, à l'âge de vingt-deux ans, élevé au grade de capitaine. En 1822, je passai dans l'état-major de la ville de Paris. Je me mariai peu de temps après, et je ne comptais pas trois mois de mariage lorsque la guerre d'Espagne fut décidée. Désolé de n'être pas appelé à y prendre part, j'adressai au ministre la guerre une demande pressante pour être employé avec mon grade dans un des corps de l'armée d'invasion, bien que je dusse perdre par là la moitié de mon traitement ; mais cette demande resta sans résultat, par la raison que tous les régimens étant au grand complet, il ne restait plus aucun emploi vacant.

» En 1824, un de mes amis étant sur le point d'acheter une charge d'agent de change, me proposa d'y prendre un intérêt considérable. J'y consentis d'autant plus volontiers que j'avais toute confiance en lui, et que les avantages qu'il m'offrait devaient me permettre de donner plus d'extension que par le passé à ma reconnaissance envers mes parens, qui avaient consacré à l'éducation de leurs enfans ce qu'ils avaient pu sauver de la tempête révolutionnaire. Je lui confiai donc la dot de ma femme, qui était de 100,000 fr., et quelques fonds dont je pouvais disposer. Je fis ensuite, conjointement avec plusieurs amis , diverses opérations qui me firent éprouver des pertes notoires , car ceux-ci ne pouvant payer aux échéances, il me fallut payer pour eux, et pour le faire , force me fut de vendre toutes les valeurs que j'avais en porte-feuille. Je donnai alors ma démission, dans la vue d'essayer, par la voie du commerce , à réparer mes désastres, et je crus devoir commencer par aller l'étudier en Angleterre , où je ne tardai pas à recevoir la nouvelle décourageante de la faillite de la personne à laquelle j'avais confié mes fonds , qui n'avait pu fournir des valeurs considérables qu'elle s'était engagée à livrer pour mon compte , et dont elle avait touché les fonds.

» J'appris en même temps que mes débiteurs avaient opposé la dénégation à leurs engagemens, qui, étant tous d'honneur, ne me laissaient pas à leur égard la ressource des moyens coercitifs.

» Cette terrible nouvelle me parvint au moment où ma femme allait devenir mère. Je ne pouvais l'abandonner sur une terre étrangère dans une situation aussi critique; mais dès qu'elle fut hors de danger, je me hâtai de venir à Paris pour arranger mes affaires. N'ayant pas une conscience aussi souple que celle de mes débiteurs, je reconnus tous mes engagemens , et tout fut terminé en huit jours à la satisfaction de mes créanciers , qui s'empressèrent de rendre , par écrit, hommage à ma loyauté et à ma bonne foi.

» Pour parvenir à remplir les engagemens sacrés que je venais de contracter, je n'hésitai pas à me séparer de tout ce que j'avais de plus cher au monde, décidé à faire une excursion dans l'Amérique septentrionale, pour connaître le pays qui pouvait m'offrir le plus de chances de succès. Ma femme, qui avait pris une part d'autant plus vive à mes malheurs qu'elle était convaincue qu'ils avaient tous été indépendans de ma volonté, et que j'avais été victime de ma trop grande confiance, voulut me suivre afin de m'aider par ses talens à réparer mes pertes. Je ne pouvais accepter un aussi beau dévouement. Je la ramenai donc en France, en lui promettant de l'emmener avec moi aussitôt que je serais fixé sur le lieu le plus favorable aux opérations que je méditais.

» Muni d'une pacotille formée tant en France qu'en Angleterre, je m'embarquai au Hàvre pour la Nouvelle-Orléans. Je parcourus successivement la Louisiane, les Etats-Unis, le Canada, une partie des Antilles et le Mexique. J'étais décidé à former un établissement à Mexico, lorsqu'une révolution y éclata, et m'obligea de renoncer à l'Amérique et de reporter mes vues vers l'Europe. Londres attira d'abord mon attention ; mais les frais trop grands auxquels m'eût entraîné mon séjour dans cette ville, firent changer de direction à mes idées, et après bien des recherches, je me déterminai enfin à aller me fixer à Madrid. Cette détermination fut prise vers la fin de 1828, et notre départ décidé pour l'an-

née suivante, afin de laisser à ma femme le temps
d'apprendre la langue espagnole, et d'achever son
éducation musicale dont elle persistait à vouloir ti-
rer parti.

» Je venais d'expédier à la Havanne un envoi dont
je ne pouvais espérer le retour avant cette époque,
et qui, contre toute prévision, a éprouvé un tel re-
tard qu'il n'est arrivé que dans le courant du mois
dernier, comme il m'est facile de le prouver par ma
correspondance. J'attendais aussi des retours de la
Nouvelle-Orléans, du Mexique et de l'Angleterre.
Ces motifs, joints à une maladie qui me retint au lit
près de six mois, et qui était le résultat des grandes
fatigues et des privations que j'avais éprouvées pendant un voyage que je puis à bon droit appeler long,
puisque j'avais fait onze mille lieues en treize mois;
ces motifs, dis-je, me firent encore différer mon
départ. Je n'en continuai pas moins mes relations
commerciales avec l'Angleterre, où je fis plusieurs
voyages assez avantageux, ce que j'attribuai en partie à la connaissance que j'avais de la langue du
pays. Décidé depuis à y terminer toutes mes affaires, j'écrivis à mon correspondant de vendre le peu
de marchandises qu'il avait encore en dépôt, et de
diriger sur Paris le mobilier que j'avais laissé à
Londres, en le prévenant que j'avais obtenu du
directeur-général des douanes son admission en
France. J'attendis en vain pendant près d'un mois
sa réponse. Etonné à la fin d'un aussi long silence,

je pris des renseignemens qui m'apprirent que sa maison avait failli.

» J'étais prêt à me rendre sur les lieux, lorsque survinrent les malheureux événemens de juillet. Je ne pouvais quitter ma femme et mes enfans. Dès que le calme fut un peu rétabli, je pris, pour l'Angleterre, un passe-port qui me fut délivré au vu d'un autre passe-port pour la même destination, et je quittai Paris le 26 août pour me rendre à Londres par la route de Sóuthampton, ayant des affaires à régler avec mon correspondant du Hâvre. Me trouvant ainsi peu éloigné de la résidence d'augustes exilés, je ne pus résister au désir de leur faire une visite, et je tenais d'autant plus à être admis en présence de S. M. Charles X, que c'eût été la seconde audience que j'en aurais obtenue ; la première m'avait été accordée à Gand. Toutefois je fus trompé dans mon espoir. L'abattement dans lequel se trouvait ce malheureux prince lui avait fait donner l'ordre rigoureux de ne recevoir personne. Je ne vis que Mgr le duc de Bordeaux, au moment où il allait à la promenade. A la vue de ce jeune prince, voué dans un âge aussi tendre à une proscription à laquelle son seul titre est d'être né sur les marches d'un trône, je ne pus retenir mes larmes, et mon émotion s'accrut encore lorsque, m'ayant demandé si je retournerais bientôt en France, il ajouta, sur ma réponse affirmative : « Que vous êtes heureux ! »

Arrivé à Londres, j'appris que la plus grande partie de mes marchandises avait été mise à l'enchère

sans mes ordres et adjugée à vil prix. Déjà familia-
risé avec l'adversité, je supportai avec courage ce
nouveau coup; et dans l'impossibilité où était mon
correspondant de me solder de suite le prix de
ce qu'il avait vendu, je fus obligé de lui accorder
un délai qui devait expirer le 1$^{er}$ janvier 1831. Je lui
réitérai l'ordre de faire passer, à la même époque,
mon mobilier en France, ne pouvant attendre plus
long-temps, puisque j'avais fixé mon départ pour
l'Espagne à la fin de février. Quelque temps après
mon retour à Paris, c'est-à-dire dans le courant de
décembre, je donnai congé de mon appartement.

Le mois de janvier arrivé, je ne reçus rien. J'eus
beau écrire, pas de réponse. Enfin, perdant pa-
tience, et voyant s'approcher le moment de mon départ, je quittai Paris le 19 janvier pour me rendre
à Londres, où je ne restai que le temps nécessaire
pour terminer mes affaires. Le 3 février, j'étais de
retour, après être resté 15 heures dans la tra-
versée.

Vous voyez, Messieurs, par ces détails, que mon
voyage n'avait aucun but politique. Je n'ai pu voir
à Londres les ex-ministres que je ne connaissais en
aucune manière, et avec lesquels je n'ai jamais eu
la moindre relation. J'avais connu, il est vrai, un
des fils de M. de Bourmont dans la garde, et je me
serais fait un véritable plaisir de le voir, s'il eût été
à Londres; mais au moment où je m'y trouvais, il
habitait Hampstead avec sa famille, que je n'ai pas
l'honneur de connaître,

Quant aux ex-ministres d'Haussez et Capelle, que je suis accusé d'avoir vus, je n'ai pas même su s'ils habitaient Londres à cette époque. Je crois me rappeler avoir lu dans les journaux qu'ils habitaient Edimbourg. La police devrait, ce me semble, avoir de meilleurs correspondans.

On me reproche, Messieurs, d'être allé voir M. le vicomte d'Ambray : qu'y a-t-il d'extraordinaire à ce qu'avant de quitter la France, peut-être pour long-temps, je sois allé faire mes adieux à un homme que je connais depuis quinze ans, qui m'a toujours té-moigné l'amitié la plus vraie, et au noble caractère duquel tous les partis rendent hommage ? Ma visite était d'autant plus naturelle, que je venais d'ap-prendre que M. d'Ambray était retenu depuis trois mois à sa campagne par une maladie assez grave.

J'arrive à la souscription ouverte par ma femme en faveur des blessés de la garde royale. On ne peut certes, Messieurs, me l'imputer à crime, lorsque le Roi des Français lui-même a voulu participer à cette bonne œuvre, en souscrivant pour une somme de 180 fr. Ma femme ayant su que plusieurs de ces malheureux, qui, quoique estropiés, avaient été repoussés des Invalides, étaient sans aucun moyen d'existence, et ne pouvant les soulager efficace-ment par elle-même, en parla à plusieurs de ses amies, qui convinrent d'ouvrir chacune une liste de souscription. La sienne fut close aussitôt que les

journaux eurent annoncé qu'ils recevraient les offrandes (1).

Les personnes qui ont reçu des secours par cette
voie sont toutes désignées sur la liste écrite de la
main de ma femme, et qui est au dossier. Ces secours ont été distribués aux blessés de la garde et
à quelques militaires d'un âge déjà avancé, qui ne
vivaient que des bienfaits de la famille royale, et
qui, depuis son départ, se trouvaient réduits à la
plus affreuse misère. Faisant un jour, avec ma
femme, ma promenade habituelle aux Tuileries, je
rencontrai un de mes anciens camarades de Gand,
qui, m'ayant abordé, me fit part de sa cruelle position. Après avoir vendu tout son mobilier, et mis
au Mont-de-Piété tous ses effets, il ne lui restait
plus aucune ressource pour exister. Il était d'autant
plus à plaindre qu'il n'était plus d'âge à travailler.
Il m'avoua qu'il n'avait pas mangé depuis 36 heures.
Affecté au dernier point, je l'engageai à venir par-
tager notre modeste repas, et lui donnai 40 fr. sur
le produit de la souscription de ma femme, bien
certain que cet emploi ne serait pas contraire à l'intention des souscripteurs. Un autre officier, dont
tous les effets avaient été ou pillés ou brûlés pen-

___

(1) S. A. R. Mgr. le duc de Bordeaux envoya, à la même
époque, aux blessés qui se trouvaient à l'hôpital du Gros-Cail-
lou, 1200 francs accompagnés d'une lettre dans laquelle il leur
témoignait tous ses regrets de ne pouvoir leur envoyer davantage,
ajoutant que c'était tout ce qu'il possédait.

dant les journées de juillet, et qui se trouvait réduit à la modique somme de 55 fr. par mois pour subvenir à ses besoins et à ceux de sa femme et de ses quatres enfans, qui ne pouvaient même changer de linge, reçut de moi, sur les mêmes fonds, une somme de 8o fr. J'aurais pu invoquer leur témoignage, mais vous apprécierez, Messieurs, le motif qui m'empêche de les faire paraître devant vous. C'est le même motif qui a engagé ma femme à ne désigner, sur sa liste, que par des initiales, les personnes qui ont été secourues, tandis qu'elle a écrit en toutes lettres les noms des souscripteurs. Cette liste, au surplus, n'avait d'autre but que de la mettre à même de se rendre compte de la recette et de l'emploi des dons, et elle n'a pas distribué d'autres fonds que ceux qui y sont indiqués, sauf quelques secours donnés sur nos propres deniers, et qui, restreints par la modicité de nos moyens, étaient bien loin de répondre à notre bonne volonté, car il faut avoir éprouvé soi-même le malheur pour bien sentir celui des autres.

Reste cette note informe au style énygmatique, et dans laquelle mon nom se trouve écrit incorrectement par une main inconnue. Elle m'est parvenue sous enveloppe, avec deux chansons, le 13 février dernier, deux jours avant mon arrestation. J'ignore par qui elle m'a été envoyée, et il me serait impossible, Messieurs, de vous donner, à cet égard, le moindre renseignement. Je n'ai fait la première version qu'à cause de l'importance qu'a paru y attacher

M. l'avocat-général, importance que j'étais bien loin d'y attacher moi-même, puisque je me suis présenté quatre fois, depuis ma mise en liberté, pour réclamer mon passe-port et mon porte feuille. J'ai cru qu'en l'attribuant à un étranger, je ferais cesser les recherches et abrégerais ma captivité, car je n'aurais jamais imaginé qu'on pût y trouver un indice de complot.

J'ai cédé bientôt au besoin de faire connaître la vérité. J'ai écrit sur-le-champ à M. le juge d'instruction pour demander à faire une rectification à mes premiers interrogatoires. Je demandai également à ce magistrat s'il avait interrogé ma femme à ce sujet, et si elle n'avait pas déclaré qu'en me remettant la note, qu'elle avait reçue pendant mon absence, elle ne m'avait pas fait l'observation que ce pouvait être l'œuvre de la police, et si je ne lui avais pas répondu : Attendons, peut-être finirai-je par être instruit de ce qu'elle signifie. M. le juge d'instruction me dit qu'elle s'était trouvée si émue, qu'elle n'avait pu lui donner aucune explication. Je le priai alors de continuer mon secret, et de l'interroger de nouveau. J'ai su depuis qu'il n'avait pas jugé à propos d'éclaircir ce fait : Je ne puis en deviner le motif : on voulait sans doute me renvoyer devant la cour d'assises.

Si j'avais été coupable, Messieurs, j'aurais pourvu à ma sûreté pendant les dix-huit jours de liberté dont j'ai joui, et surtout après que M. l'avocat-général Miller m'eut dit que mes papiers exigeaient un examen sérieux et une longue instruction. Lui ayant demandé pourquoi j'avais été mis en liberté, il me répondit que je ne l'avais été que provisoirement. N'était-ce pas m'annoncer que je serais arrêté de nouveau ? Eh bien, Messieurs, fort de mon innocence, je n'essayai nullement de me soustraire à des poursuites imminentes, et j'attendis sans crainte ma seconde arrestation. Je n'attendis pas long-temps.

D'après les dénonciations dont j'ai été l'objet, je ne doute plus maintenant que la note ne soit partie de la même source, et qu'on n'ait fait usage de ce perfide moyen pour donner quelque apparence de fondement aux calomnies qui ont été accumulées sur mon compte. On ne s'est servi d'un style obscur, et ainsi que je l'ai dit, tout-à-fait énigmatique, que parce qu'on pensait que le peu d'importance, que j'y attacherais sans doute, donnait la certitude de la trouver chez moi lorsqu'on viendrait l'y chercher. J'ai été entièrement fixé à cet égard, lorsque j'ai su qu'un de mes amis avait reçu, le lendemain de mon arrestation, une lettre anonyme, dans laquelle je n'étais guère plus ménagé que dans les dénonciations qui ont été transmises par la police à M. le procureur-général. Le digne auteur de toutes ces turpitudes a dû recevoir une belle gratification, si elle a été proportionnée à l'infâmie de sa dénonciation. Je suis étonné que la police n'ait pas honte de transmettre de telles horreurs au ministère public, mais ce qui m'étonne bien plus encore, c'est que celui-ci ose en faire usage. Qui nous protégera désormais , si les magistrats auxquels ce soin est confié se joignent à nos ennemis ?

On prétend que j'ai eu une correspondance avec S. A. R. Madame la duchesse de Berry : si cette inculpation était vraie , loin de désavouer une marque de confiance si honorable et si précieuse à mes yeux , je le proclamerais hautement ici , parce que je suis intimement convaincu que le regard investigateur du ministère public n'y trouverait rien qui fût relatif à un complot. Le beau caractère de cette auguste princesse est trop connu pour qu'on puisse supposer qu'elle désire préparer le retour de son fils parmi nous à l'aide de semblables moyens. Tout le monde sait qu'elle préférerait le voir éloigné de la France à jamais, s'il n'y était appelé par le vœu unanime de la nation.

On a été jusqu'à m'accuser de n'avoir pas d'opinion , d'être républicain avec les républicains, légitimiste avec les partisans de la légitimité : jamais, Messieurs , accusation ne fut plus injuste ; il suffirait, pour s'en convaincre , d'interroger toutes les personnes avec lesquelles j'ai eu quelques rapports ; toutes affirmeraient que, ferme et inébranlable au milieu des révolutions dont j'ai été le témoin, je n'ai jamais dévié des principes religieux et politiques dans lesquels j'ai été élevé. Dans la carrière des armes , j'ai eu toujours présens à l'esprit les sages conseils que j'avais reçus de la meilleure des mères, la dernière fois que j'eus le bonheur de la voir ; on eût dit qu'elle pressentait qu'elle ne me reverrait plus. Jamais un lâche respect humain ne m'a fait tenir un langage en opposition avec ma pensée. Dévoué aux Bourbons par sentiment et non par intérêt, car je n'ai jamais reçu d'eux aucune faveur, j'ai pris sans balancer leur défense toutes les fois qu'ils ont été attaqués en ma présence. A la Nouvelle-Orléans, ville connue par l'exagération des principes républicains de ses habitans, et où, depuis trente ans, on n'avait peut-être pas entendu l'expression d'une opinion en faveur de cette auguste et malheureuse famille ; je n'ai pas craint de prendre publiquement parti pour elle dans une réunion de plus de cinquante personnes. L'une d'elles ayant osé dire qu'*elle voudrait les voir tous réunis dans un bateau à vapeur, pour les poignarder*, profondément indigné, je pris la parole, et lui dis *que j'avais toujours regardé le poignard comme l'arme des lâches.* Cette réponse énergique excita un murmure approbateur qui fit honte à cet énergumène, car, revenant sur le vœu atroce qu'il avait exprimé, *je ne les poignarderais pas*, dit-il, *mais je les combattrais. Pour lors*, repris-je, *vous me trouveriez de leur côté, trop heureux de verser pour eux jusqu'à la dernière goutte de mon sang.*

Cette profession de foi, franche et courageuse, me fit dans la ville une grande réputation de fermeté de caractère. Le consul de France en ayant eu connaissance, me fit dire que, si je continuais à manifester mes opinions aussi ouvertement, je nuirais à mon commerce ; mais je lui répondis que jamais une telle considération ne serait capable de me faire taire , lorsqu'on attaquerait en ma présence mon roi et mon pays. L'événement trompa la prévision du consul : car depuis cette circonstance , je ne fus que plus recherché par les principaux habitans.

Je tins le même langage au Mexique , où je fus parfaitement accueilli , et où je fus même invité deux fois à déjeûner chez le président de la république , avec son état major , malgré les dénonciations, qui avaient été faites contre moi , et dont M. le consul-général de France à Mexico, actuellement à Paris, a eu connaissance et m'a donné avis(1).

Ma conduite a été la même dans tous les pays que j'ai parcourus , et je défie qu'on cite un seul acte de ma vie qui me mette en contradiction avec moi-même. Je la livre tout entière à l'investigation publique , sans craindre qu'on puisse y trouver rien dont j'aie à rougir. J'ai donc lieu de m'étonner qu'on m'ait accusé de conspiration , car jamais un conspirateur ne fut un homme franc et ouvert , et je crois vous avoir prouvé , Messieurs , que la franchise n'est pas le moindre de mes défauts. S'il y avait eu un camp de formé pour la défense de la légitimité , on m'y eut vu un des premiers ; mais il n'est jamais entré dans mon caractère de conspirer.

---

(1) M. Auguet avait été accusé d'avoir fait, dans plusieurs réunions publiques, l'éloge des Bourbons, et notamment du roi d'Espagne.

J'ose espérer , Messieurs , que ces explications suffiront pour détruire l'impression qu'aurait pu laisser dans vos esprits une accusation à laquelle M. le procureur - général a voulu prêter en personne l'appui de son zèle et de son éloquence. Cette distinction est trop flatteuse pour que je n'en sente pas tout le prix : aussi peut-il compter sur toute ma reconnaissance. Équitables et impartiaux , vous n'aurez pas de peine à dégager la vérité de tout ce cortège de préventions sans fondement , à l'aide desquelles on l'a si péniblement dénaturée , et par une décision que , fort de mon innocence , j'attends avec sécurité , vous mettrez enfin un terme aux persécutions dont je suis l'objet depuis plus de deux mois , et vous prouverez ainsi , une fois de plus , le néant de ces prétendues conspirations dont on se plaît , depuis si long-tems , à amuser le public.

Cet exposé de la vie de l'accusé , prononcé d'une voix ferme et émue , a été écouté avec un religieux silence , et a produit une vive impression.

M⁰ Hennequin prend la parole.

Messieurs les jurés ,

« Les terreurs du ministère public seraient devenues le fléau de notre époque , si la sagesse des jurés, si celle des magistrats n'avait pas su réduire à leur juste valeur les cris d'alarme dont cette enceinte a plus d'une fois retenti ; et cependant si l'on

veut demeurer dans les termes d'une véritable impartialité, il faut reconnaître que nous avons subi,
dans l'ordre judiciaire, les conséquences, à peu près
inévitables, des événemens de juillet.

Environné de regrets et de dissentimens, le pouvoir nouveau qu'une révolution a mis inopinément
à la place d'un trône antique, a dû tomber dans
plus d'une faute ! De quelle tolérance, de quelle
longanimité ne fallait-il pas s'armer dans ces mo-
mens transitoires qui ne sauraient jamais être sans
agitation ! Comme il fallait savoir comprendre et
respecter les douleurs d'une ancienne fidélité ! que
de réserve et de discernement dans les accusations !
que de modération dans le langage !

Tant de prudence ne pouvait être exigée d'une
autorité si nouvelle ; l'inquiétude, la précipitation,
et, par suite, tous les genres de méprise et d'erreur, se
trouvaient comme inséparables de sa nouveauté même. Aussi le ministère public s'est-il souvent trompé,
et se trompe-t-il encore aujourd'hui, qu'il essaie
d'attribuer aux écrits anonymes une puissance que
la droite raison, que le bon sens leur dénient, et
que la loi ne leur a jamais donnée ; car vous l'avez
déjà remarqué, Messieurs les Jurés, c'est un écrit
anonyme qui forme la pierre angulaire de tout l'édi-
fice élevé dans ce procès : c'est sur cette base fragile
que repose une accusation qui menaça d'abord la vie,
et qui menace encore la liberté de l'homme que vous

venez d'entendre , et qui, par la franchise de ses paroles, a déjà si bien commencé sa défense.

M. Auguet qui , dans les cent jours , s'est trouvé sous les ordres du duc de Berri , apprend qu'un service doit être célébré en l'honneur de ce prince qu'il révère , de ce prince dont la mort héroïque restera l'un des plus beaux monumens que la religion et la philosophie puissent proposer à l'admiration des hommes. Qu'est-il besoin de vous dire que M. Auguet , qui n'a jamais fait un mystère de ses sentimens , a considéré comme un devoir de se trouver à cette pieuse cérémonie ? Du reste , il faut bien qu'il ait été sans relation avec les ordonnateurs du service; car trompé par les journaux, ce n'est qu'après avoir passé par Saint-Roch , qu'il est arrivé à Saint-Germain-l'Auxerrois : et je n'ai pu me défendre d'un grand étonnement lorsque j'ai vu le ministère public vous entretenir des scènes du 14 février 1831, dans des termes qui se concilient mal avec la chose jugée; le ministère public oublie-t-il donc que l'accusation dont une cérémonie funéraire avait été l'objet , a été confondue par les réponses négatives du juri ?...

Coupable d'avoir prié pour son ancien général , M. Auguet est arrêté le 15 février, son domicile est envahi , ses papiers, parmi lesquels se trouve la note fameuse , sont saisis et soumis aux investigations de l'autorité.

Arrêté le mardi 15 , le samedi 19, M. Auguet

est remis en liberté ; et j'ai le droit de dire que le membres du parquet , en ne provoquant pas à cette époque sa mise en accusation , ont par cela même reconnu que les pièces restées quatre jours entre leurs mains ne renfermaient aucun caractère de criminalité.

M. Auguet est à peine libre qu'il réclame son porte-feuille et ses papiers ; c'est alors qu'il apprend que ses pièces sont devenues le sujet d'un examen sé-rieux, et que lui-même pourrait bien n'avoir retrouvé qu'une liberté provisoire. C'était là le signal de la fuite pour un coupable , et cependant quelle est la conduite de M. Auguet ? Il ne quitte pas sa demeure , où le 4 mars, il est arrêté de nouveau , et soumis aux rigueurs du secret. Remarquons qu'aucune nou-velle perquisition n'est faite , et que les pièces dont le ministère public se prévaut aujourd'hui sont iden-tiquement celles appréciées par la mise en liberté du 19 février.

M<sup>me</sup> Auguet est interrogée. On demande à cette jeune femme des explications sur les notes trouvées parmi les papiers de son mari , et qui indiquent des sommes reçues et des sommes remises : elle répond qu'elle a quêté pour les blessés de la garde royale et pour de pauvres royalistes qui mouraient de faim. On lui demande le nom de la personne à laquelle s'adressait la lettre dont on a trouvé le brouillon : *Ah ! par exemple*, répond-elle vivement, *voulez-vous que j'appelle sur elle des persécutions !* Puis elle s'enveloppe dans un silence qu'elle considère comme un devoir. Doit-elle en effet livrer à l'accusation des textes à commenter quand c'est son époux que l'accusation menace? Avertie que ce silence peut donner lieu à des conjectures et résumant dans un seul mot, et sans doute à son insu, toute la législation criminelle, elle répond que *personne ne peut être condamné sur des préventions.*

L'accusation a été plus heureuse près de M. Auguet.

La note anonyme, innocentée par une première décision, par celle de la mise en liberté, prenait évidemment aux yeux du ministère public une importance qu'elle n'avait pas eue d'abord, et c'est la mort qui planait alors sur la tête de l'accusé (1). Eh bien! la terreur ne sait pas mieux conseiller les accusés qu'elle ne sait diriger le pouvoir, et c'est ici que se présente une déviation dont je ne fais pas l'apologie, mais dont il ne faut pas abuser.

M. Auguet, qui a visité, pour y chercher un appartement, l'hôtel de Courlande, et qui s'est, à cette occasion, fait ouvrir une pièce dans laquelle naguère on recrutait pour l'indépendance espagnole, imagine de

---

(1) 5 mars, le lendemain de la seconde arrestation, réquisitoire afin de mandat d'amener, et dans ce réquisitoire on lit : « Considérant que la note ci-dessus indiquée peut annoncer *la partici-pation de Auguet à un complot contre la sûreté de l'Etat.* » — On trouve dans le dossier des mandats de dépôt décernés contre Auguet, « *prévenu de complot contre la sûreté de l'Etat.* » On peut lire maintenant l'art. 87 du code pénal. Ce n'est qu'après les interrogatoires subis que la prévention a été réduite au délit de non révélation.

supposer que c'est là qu'il a trouvé cette note, où, dans l'origine, il avait lu : pour *M. Dupré*, et non pas pour *M. Augué** (erreur que les expéditionnaires du parquet ont partagée). Du reste, l'histoire était complète ; la note avait été prise et gardée pour être communiquée à un général espagnol, ami de son roi, etc., etc. Mais la réflexion a bientôt fait justice de ce malheureux système. Comment s'imposer la nécessité de soutenir, pendant tout le cours de l'instruction, des paroles que la conscience désavoue? L'accusé renonce à cette pensée dont il peut demander compte à la mort dont il était alors menacé, il redevient lui-même, et du moins faut-il avouer que ce retour dans la bonne voie ne s'est pas fait attendre. Le lendemain de son premier interrogatoire, M. Auguet demande à être interrogé de nouveau, et là il rétablit les faits. Il déclare qu'un commissionnaire s'est présenté pendant son absence ; que ce commissionnaire a remis à la domestique un paquet un peu plus fort qu'une lettre ordinaire ; que dans ce paquet remis par la domestique à sa maîtresse, et par celle-ci à M. Auguet, se trouvaient la note anonyme et deux chansons. Vous avez, dit-il au juge instructeur, un moyen sûr de vérifier ma nouvelle déclaration : je suis au secret ; interrogez ma femme, ma femme qui m'a remis le paquet

---

* C'est ainsi que dans la note anonyme le nom de l'accusé est écrit au crayon et en caractères difficiles à lire.

qu'elle avait reçu des mains de la domestique; et il faut le dire, il était du devoir de M. le conseiller instructeur de faire courir à l'accusé les chances de cette épreuve. N'accusons toutefois les intentions de personne : versé dans les matières criminelles, le magistrat s'est rappelé que ce n'était pas la première fois que la crainte conseillait mal; que du reste la seconde version portait avec elle sa preuve. Si l'interrogateur n'eût pas été déterminé par cette pensée, il eût privé l'accusé d'un moyen décisif de justification. C'est aussi ce jour-là même qu'interrogé sur ce qu'on appelle ses mauvais sentimens, M. Auguet s'est exprimé dans les termes dont je vous ai déjà donné lecture.

M. Auguet ne veut pas le renversement de ce qui existe; ce renversement serait à ses yeux une calamité publique. Henri V ne se présente à sa pensée que dans un avenir éloigné. Ce qu'il veut, ce n'est pas Henri V environné d'un conseil de régence choisi dans l'ancienne cour; mais Henri V, élevé à l'école du malheur et rappelé par la nation.

Cette partie de la procédure a de l'importance. Comment, en effet, concilier de pareils sentimens avec une attaque actuellement dirigée contre l'ordre établi ?

Ici s'arrête l'analyse des faits judiciaires du procès, et commence le tableau des préventions que M. le procureur-général considère comme des moyens de condamnation. Ces préventions il faut les rappeler avant de pouvoir les combattre.

1° Les sentiments de M. Auguet; oui, ces sentiments que vous connaissez maintenant; il faudra les considérer dans l'ordre de la discussion, après les avoir exposés dans l'ordre des faits.

2ª Les deux voyages de M. Auguet en Angleterre, où il a vu ou dû voir les anciens ministres.

3° Sa visite à Lullworth, où il a vu ou dû voir Charles X.

4° Au retour, la lettre de sa femme à cette personne nommée Joséphine, et qu'elle ne veut pas désigner autrement.

5° Les soirées du jeudi.

6° Une visite à M. d'Ambray.

7° Des relations avec M. Valerius.

8° Une correspondance avec madame la duchesse de Berri.

9° La note anonyme.

10° La double explication que cette note a reçue.

Ce sont bien là tous les éléments de l'accusation; je n'oublie rien; surtout je ne veux rien oublier; l'accusation n'est pas assez riche pour que je songe à l'appauvrir.

Si je ne parle pas de la souscription ouverte pour les blessés de la garde, c'est que cette touchante circonstance de la vie des deux époux n'a pas été un moment incriminée.

Je classerai ces moyens de l'accusation dans trois catégories bien distinctes :

1° Les choses qui tombent devant les simples dénégations de l'accusé ;

2° Celles qui disparaissent devant ses explications ;

3° Les argumens qui constituent véritablement le procès.

Reprenons.

Les sages l'ont dit : en matière criminelle, ce qui n'est pas prouvé est comme ce qui n'existe pas. ( *De his quæ non apparent et quæ non sunt, idem est judicium.* ) Et que de choses dans l'accusation qu'il faut considérer comme le néant !

*Dans l'un de ses voyages en Angleterre*, dit M. le procureur-général, *Auguet a vu deux anciens ministres, MM. Capelle et d'Haussez* : non, répond l'accusé, et comme M. le procureur-général parle sans preuve, le *non* de l'accusé est une complète réfutation. Au surplus, le premier voyage a eu lieu au mois d'août 1830, le second au mois de janvier 1831 : or, il est notoire qu'à aucune de ces deux époques, il n'a pu voir M. Capelle à Londres. Lors du premier voyage, M. Capelle ne s'y trouvait pas encore; lors du second, il ne s'y trouvait plus.

*Il a vu Charles X à Lullworth* : Eh ! mon Dieu non, répond l'accusé au ministère public qui, parlant toujours sans preuve, n'a rien à répliquer.

J'ajoute que puisque l'accusation croit devoir s'armer d'un brouillon de lettre , il faut accepter ce document tout entier ; or, n'y trouve-t-on pas que *le chef abattu ne reçoit personne?*

*Une correspondance avec madame la duchesse de Berri :* vous me gratifiez, répond l'accusé , d'un honneur que je n'ai pas, et moi, son défenseur , j'ajoute qu'il faudrait d'autant plus prouver la correspondance, qu'il faudrait aller jusqu'à montrer les lettres; car enfin le seul fait de la correspondance n'est pas une preuve de conspiration.

Voilà ce que l'accusé dénie et détruit par cela même.

Voici les choses qui s'évanouissent devant ses explications.

### Opinions de l'accusé.

Si les opinions politiques pouvaient jamais être considérées comme des crimes, il faudrait reconnaître que dans certaines destinées l'homme serait voué au crime, dès sa naissance , et par sa naissance même : Ainsi, cette génération dont le berceau fut placé au milieu des orages; ces hommes qui comptent aujourd'hui 45 ans, et qui dans un âge où les impressions sont profondes, virent leur sommeil troublé par les cris des assassins et par les gémissemens des victimes; ces hommes dont l'enfance fut si souvent témoin des douleurs qu'il fallait alors cacher dans le foyer domestique, se sont élevés dans l'horreur de tout ce qui rappelle ces temps affreux : et voilà quelle fut l'utilité de ces scènes de désolation dont le souvenir se confond incessamment avec celui des projets de réforme et d'amélioration sociale dont la nécessité se trouvait généralement comprise et qui pouvait bien se passer de cet épouvantable auxiliaire! Eh bien oui ; il en fait l'aveu ; l'accusé n'a point oublié les premiers jours de son existence ; il se rappelle encore sa mère le cachant dans une province éloignée du lieu de sa naissance pour le soustraire au baptême national ; il se rappelle son père, négociant honorable, mais recommandé à la proscription par la notoriété de ses sentimens, et forcé de fuir la colère des hommes dans des bois où l'attendaient les maladies qui plus tard l'ont privé de la vue. Que voulez-vous ? cette famille a salué la restauration avec transport ; elle a échangé pour celui qui restait, tout son avenir, la carrière lucrative du commerce contre cette carrière qui ne promet que de la gloire. M. Auguet a pris place dans les rangs de la garde royale; les cent jours l'ont trouvé fidèle à ses sermens, et si depuis 1824 il est rentré dans la voie des affaires, si depuis ce moment toutes relations de service ont cessé entre lui et la maison régnante, ses affections n'ont pas changé. Il défendait les princes de la branche aînée à la Nouvelle-Orléans; il les avoue après leur chute ; il les avoue au jour des accusations et sur ce banc où le ministère public le menace. Cette noble persévérance sera-t-elle donc un crime à vos yeux ! il a été décidé dans le procès de M. Chauvin, que les opinions que n'accompagnent aucune manifestation hostile ne devaient point figurer dans une accusation; je dis plus , et je vous rappelle que toute entreprise actuelle est en opposition directe  avec les vœux de mon client, et qu'ainsi c'est en faveur de la défense que déposent ses opinions avouées , les seules qu'il soit possible d'invoquer au procès. Ne croyez pas, au surplus, que cette thèse des sentimens soit épuisée , il faudra bien en parler encore au moment où sera venue la discussion de la note anonyme.

*Les voyages en Angleterre.*

M. Auguet, en vous racontant sa vie , vous a clairement exposé que , depuis 1824 , il s'occupe du commerce à l'étranger, objets de luxes , articles de Paris ; qu'un premier voyage en Angleterre, en 1825 , a été suivi de plusieurs autres antérieurs de beaucoup aux événemens de juillet. Vous avez entendu des témoins sur ce point, et notamment le commissaire de police du Pas-de-Calais. Je pourrais vous lire les pièces qui se rapportent à se voyages du mois d'avril 1830 , et à celui du mois d janvier 1851; mais encore ici je ne trouve que de allégations , que des suspicions , que des conjectures qui ne prévaudront pas contre les explications qu donne l'accusé, et qui s'appuient sur sa vie, depui six ans.

*Mais Lullworth !....*

*La visite à Lullworth !....*

Cette visite, l'accusé l'avoue, oui, Messieurs 1 urés , et je ne comprendrais pas que cette visite, ne l'eût pas faite , qu'un Français , quel que soit son rang et quelle que soit même sa pensée politique, se trouve près de l'habitation qui renferme de semblables proscrits, et qu'il ne tente pas d'y paraître , je lui dirai qu'il songe au retour en France , qu'il craint les conjectures que cette visite pourrait provoquer : Je lui dirai qu'il sacrifie à la peur. Qui ne voudrait , en effet, contempler ces fronts naguères décorés du diadème et que vient de sillonner la foudre? Quel pilote apparaissant dans ces vastes mers qui séparent le rocher de Sainte-Hélène du continent Africain , n'a pas du moins éprouvé le désir de suspendre un moment sa course?... que de sentimens entraînent vers l'asile d'un roi malheureux ! l'observateur, l'ami fidèle, l'ennemi satisfait doivent s'y rencontrer.... tout conduisait à Lullworth : philosophie , sympathie , vengeance ! et par cela même la visite à Lullworth n'est rien pour l'accusation; une entrevue avec Charles X n'autoriserait pas encore les plaintes, les soupçons du ministère public, et l'entrevue même n'existe pas !

Des témoins ont retracé *ces soirées du jeudi* dont il est parlé dans l'instruction. Et les assemblées politiques dont le ministère public s'est alarmé ont été remplacées par des soirées musicales où madame Auguet trouvait l'occasion d'exercer son talent admirable , qui s'est formé au prix des plus grands sacrifices et que les époux considèrent comme l'une des espérances de leur avenir.

C'est ici, Messieurs les jurés, que je vous rappelle les projets d'établissement en Espagne; projets antérieurs et de beaucoup aux événemens de juillet, comme les témoins l'ont dit, et comme le prouvent des écrits qui sont dans mes mains.

Je ne parle des relations de M. Auguet avec M. Valérius que pour montrer les factures qui prouvent que ces relations ont été toutes commerciales. Et enfin je ne comprends pas comment on a pu faire un crime à mon client du sentiment qui l'a conduit près de M. d'Ambray. M. Auguet, au moment de quitter la France, peut-être pour long-temps, ne devait-il donc pas un souvenir à l'homme qui depuis quinze ans l'honore de son amitié et qui s'est illustré aux yeux de tous par le culte des vieux sermens ?

Reste donc pour la discussion *la lettre de madame Auguet à Joséphiné et la lettre anonyme.*

La lettre de madame Auguet, a dit M. le procureur-général, est une lettre mystérieuse, c'est une lettre conçue en termes énigmatiques..... Quel est donc ce Dauphin revenant dont parle cette lettre ? c'est évidemment, dit M. le procureur-général, le duc d'Angoulême.

Messieurs, la lettre dit en termes formels : « Tu » t'es moqué de moi à l'occasion du Dauphin reve- » nant ( ou ressuscité, ce qui importe peu ), on n'est » pas si incrédule dans le pays d'où arrive mon » mari. »

Madame Auguet a dit : *je voulais parler de*

*Louis XVII*, et M. le procureur-général répond, *la lettre s'applique au duc d'Angoulême.* Je veux que les moqueries de Joséphine, que cette crédulité plus grande que, dans ses voyages, a rencontrée M. Auguet, ne fixent pas le sens de la phrase; reste un doute que le ministère public veut dissiper par des interprétations. Ici, Messieurs, je m'aperçois que je touche à la partie la plus difficile de ma tâche, je sens que je vais porter tout le poids de mon ministère; cette journée me laissera de profonds regrets, si ce que vous aller entendre devait altérer une ancienne et honorable amitié; mais cette considération ne sera pas plus puissante que la voix du devoir, et rappelant à M. le procureur-général l'une des plus brillantes époques de sa vie, le reportant vers cette carrière où il a laissé de beaux monumens de science et de talent, je lui dirai qu'en 1821, devant la cour des pairs, où nous nous trouvions tous les deux (1); il a su confondre le système des interprétations que tout à l'heure il vient d'invoquer.

Défenseur de Monchy à qui l'on opposait aussi une lettre mystérieuse, voici comment il s'exprimait :

« Mais en admettant que cette lettre soit en effet »mystérieuse, que pourrait-on en conclure? Quel » serait le téméraire qui oserait déchirer le voile qui » couvre la pensée de l'écrivain, et asseoir sur une » base aussi fragile, aussi trompeuse, un arrêt de

______

(1) Voir aux pièces justificatives quelques fragemens de la réplique prononcée, en 1820, par Mᵉ Hennequin, devant la cour des pairs dans l'affaire de la conspiration.

» mort (1) ? Ah ! trop long-temps, nobles Pairs, les
» gens de bien ont gémi de ce système d'interpréta-
» tion qui pouvait prouver que les officiers du minis-
» tère public avaient beaucoup d'esprit, beaucoup de
» sagacité, mais qui jetait l'alarme dans la société.
» Laissons à ces tribunaux d'horrible mémoire, à ces
» tribunaux que l'histoire contemporaine a déjà flé-
» tris, l'épouvantable privilége de condamner sur de
» pareilles interprétations. Mieux vaudrait qu'un cou-
» pable échappât à la vengeance des lois que de don-
» ner un semblable exemple.

» Par cela seul qu'il y a mystère, il y a doute ; et
» quand il y a doute, le ministère public l'a lui-même
» déclaré, c'est en faveur de l'accusé qu'il faut in-
» interpréter. Ainsi en convenant que la lettre était
» mystérieuse, M. l'avocat-général lui-même a pro-
» noncé l'acquittement de Monchy (2). »

---

(1) Ce que l'on disait dans une cause où la vie était menacée,
doit rester vrai dans un procès où la liberté seulement est compromise : en droit criminel les doctrines ne varient pas avec l'in-
tensité de la peine.

(2) Dans un autre passage de son plaidoyer, l'orateur déve-
loppe ainsi la même pensée :

« Oh combien la politique paraît avoir changé nos idées et
nos principes ! Autrefois l'on tenait pour maxime que dans une
accusation, il fallait, sans hésiter, *enlever et presque prendre de
force* l'interprétation qui aidait à former un jugement plus doux.
Aujourd'hui, c'est le contraire : dans le doute il faut condamner,
et c'est à la noble Cour, dans le sein de laquelle se serait retirée
la justice, s'il était possible qu'elle fût bannie des autres tribunaux de France, qu'on ose faire une pareille proposition. »
(Voir *Procès de la conspiration de* 1820, 3 vol. in-4°, imprimés
par ordre, et aux frais de la chambre des pairs.)

Que pourrai-je ajouter à ces éloquentes paroles ?
qu'importent d'ailleurs les interprétations auxquelles,
dans la cause actuelle, s'abandonne le ministère public, et où donc nous conduit cette lutte entre le
texte et le commentaire ? M. le procureur-général
tient-il à ses interprétations ? Je les adopte toutes:
le chef abattu, c'est Charles X; la mère du petit
Auguste, madame la duchesse de Berry; la tante,
madame la Dauphine; le Dauphin revenant ou ressuscité, M. le duc d'Angoulême; où donc serait le
crime d'avoir dit toutes ces choses dans une lettre
confidentielle, et quel profit pourrait en retirer
l'accusation ? Il faut donc s'attacher à la lettre
anonyme. Là seulement peut se trouver la question
du procès.

Esquissant à l'avance ma plaidoirie, M. le procureur-général a cru devoir annoncer un discours que
je ne ferai point. L'opinion est depuis long-temps
fixée sur cette ordonnance de 1477, datée du Plessis-
les-Tours, et qui fut marquée d'un signe ineffaçable
de réprobation par la première application qu'elle
reçut: mais se plaindre ici de la loi, ce serait se
tromper de tribune. Se précipitant lui-même dans
de graves difficultés, le ministère public a pensé aussi
que je me retrancherais dans l'argumentation que
voici: «La révélation suppose un crime, un complot à révéler. Que l'autorité prouve donc le crime,
le complot dissimulé par une réticence criminelle.
Et cette preuve doit porter non-seulement sur

l'existence, mais encore sur le caractère du fait principal; il faut qu'il soit établi *à Priori*, qu'existait un acte de la nature de ceux définis dans le chapitre I<sup>er</sup>, du livre I<sup>er</sup> du code pénal; et s'il s'agit d'un complot, il faut qu'il soit démontré que les conjurés étaient parvenus à la résolution d'agir. »

J'avoue que cette nécessité de prouver le complot avant de pouvoir accuser personne de ne l'avoir pas révélé, a quelque chose qui séduit, et il ne me semble pas que le ministère public ait répondu à la puissante objection qu'il a pris soin de se susciter à lui-même.

Il existe, dit-il, un complot carliste............ Qui vous l'a dit; où en est la preuve; et de quel complot parlez-vous? C'est d'un fait spécial, c'est d'un fait qui se compose de circonstances déterminées, qu'il est permis de s'armer contre un non-révélateur prétendu. Quoi! suffira-t-il de dire: j'ai prouvé un jour qu'il existait un complot, et j'y puis désormais compromettre ceux que je voudrai frapper; c'est l'épée de Damoclès qui reste suspendue sur toute une population ennemie. Ainsi dans le nord, on se trouverait responsable de ce qui se tramerait dans le midi? ou bien l'accusation pourrait dire : on conspirait à Lille, pourquoi ne m'en avez vous pas averti, vous qui n'avez pas quitté Marseille? Qui pourrait admettre cette manière d'argumenter? comment ne pas comprendre qu'en matière criminelle tout doit être spécial et positif, et que là surtout il n'est pas possible de procéder par hypothèse et par abstraction. Je laisse toutefois M. le procureur-général en présence de sa propre objection, et je pose la question du procès comme je la comprends.

« La présence entre les mains d'un citoyen, d'un » écrit [anonyme reçu de son aveu depuis plusieurs » jours, et qui suppose que des projets menacent la » sûreté intérieure de l'État, suffit-elle pour motiver » l'application des peines prononcées par la loi contre » la non-révélation ?»

Une première réflexion me frappe : la loi qui punit les non-révélateurs est une loi toute exceptionnelle et que ne connaît pas le droit commun; ainsi, relativement aux délits, aux crimes qui ne sont dirigés que contre des particuliers, la loi s'en référant au jugement de la conscience, laisse chacun de nous l'arbitre de la conduite qu'il doit tenir; pas de peine prononcée. Et pourquoi tant de tolérance? la société n'est-elle donc pas intéressée à ce que tous les crimes soient dénoncés et par cela même prévenus? Pourquoi ! parce qu'un sentiment honorable que le législateur n'a pas pu méconnaître nous éloigne de la révélation; parce que pour révéler, il faut triompher d'une voix qui nous crie de ne pas appeler les regards de la justice sur des hommes qui ne doivent peut-être pas devenir coupables, puisque leur projet se trouve encore dans le domaine du repentir; c'est que le législateur a compris qu'il ne fallait pas placer trop souvent les citoyens entre des pensées généreuses et des devoirs. Aussi, la loi criminelle a-t-elle restreint la nécessité légale de la révélation aux faits qui menacent la sûreté intérieure de l'État, et dans le cas seulement où les faits sont parvenus à *la connaissance* de celui que l'on accuse de non-révélation. Et quelle est cette connaissance dont parle la loi, et qui impose à celui qui s'en trouve atteint la nécessité de s'affranchir d'une répugnance d'ailleurs reconnue légitime ? C'est là le point du litige ; là tout le procès.

Si les conjurés, qui ne font ordinairement des confidences que pour conquérir des complices, ont initié le non-révélateur à leurs projets, s'il a pénétré au milieu d'eux, il faudra peut-être considérer si, sans preuve, il a dû s'exposer aux peines de la calomnie par des récits qu'une dénégation pouvait confondre ; mais enfin connaissance est acquise. C'est encore acquérir la connaissance d'un complot qu'en saisir les secrets à l'insu des coupables ; ainsi la dangereuse amitié de Cinq Mars, les rapports de l'un des complices de Catilina avec Fulvie, l'habilité de Vindex, la dextérité d'une courtisane mettant à profit le sommeil de l'un des secrétaires de Cellamare : voilà des faits qui donnent une connaissance véritable et telle que la raison l'exige. Mais qui pourra dire qu'il y a connaissance d'un complot, d'un crime menaçant la sûreté intérieure de l'Etat, par cela seul qu'un écrit anonyme se trouve dans les mains de celui qu'on accuse de non-révélation ? Et, d'abord, comment sur la foi d'un pareil document un homme qui conserve le sentiment de sa dignité, osera-t-il se présenter devant les dépositaires du pouvoir ? Qui répond à l'autorité que le

prétendu révélateur n'a pas , à l'exemple de l'am-
bitieux Latude , fabriqué lui-même et la nouvelle
et la preuve ? Qui dira que cette note dont l'auteur
est inconnu , n'a pas été forgée comme un titre à la
domination du parti qui triomphe , ou comme un
gage de réconciliation ? Ce n'est donc plus le cri de
l'honneur qu'il faut étouffer, ce sont les dédains,
les soupçons de l'autorité même qu'il faut désormais
affronter.

Le voyez-vous en présence de l'administration ,
ce malheureux qu'une note anonyme vient de lancer
dans une sphère d'activité ? Le voyez-vous lisant
dans les bureaux cette note qui ne persuade personne ? Comme la fille de Priam , il prédit en vain la
ruine de Troyes ; il ne recueille, comme elle, que
la dérision et l'incrédulité. Cette note est votre ouvrage , lui dit-on , ou bien l'on s'est joué de
vous.... Non , la loi n'impose à personne la nécessité de subir tant d'ignominie : et puis, à part
ces graves considérations , quelle est l'origine de cet
écrit mystérieux ? n'est-ce pas l'ouvrage de la haine
personnelle ou de la passion politique ?

Quel bonheur pour la vengeance que cette facilité de placer un homme détesté dans la plus cruelle
alternative ! car, enfin, il va parler ou se taire : ses
paroles le plongent dans le mépris; son silence est
suivi de sa captivité. Et quel supplice plus poignant
encore , s'il faut, sur le vu d'un écrit anonyme , si-
gnaler aux défiances de l'autorité , livrer à une plus
active surveillance, les hommes même dont, de

tout temps , on a partagé les sentimens ! Quelle ressource pour un gouvernement sans pudeur, et les souvenirs de l'histoire autorisent ce langage , quel moyen commode de se livrer à des rigueurs nouvelles , d'en créer les prétextes ou de frapper ceux qui ne viendront pas rapporter en tremblant les notes anonymes qu'ils auront reçues , au bureau même d'où ces notes sont émanées !

Ces réflexions nous disent que la présence d'un écrit anonyme dans les mains d'un citoyen ne suffit pas pour transformer ce citoyen en non-révélateur.

Ce que la raison inspire est enseigné par la loi. Aux termes de l'ordonnance de Louis XI, il faut *savoir*, il faut *avoir connaissance*. Ces expressions : *avoir connaissance, être instruit*, ont passé dans la loi nouvelle. Il faut avoir connaissance , il faut que les circonstances soient venues à la connaissance de celui qu'on accuse. Ecoutez le texte même de notre nouveau code pénal. L'art 103 de ce code est ainsi conçu: «Toutes personnes qui, *ayant eu connaissance* de complots formés ou de crimes projetés contre la sûreté intérieure ou extérieure de l'État, n'aurait pas fait la déclaration de ces complots ou crimes, et n'auront pas révélé au gouvernement et aux autorités administratives ou de police judiciaire, les circonstances qui *en sont venues à leur connaissance*, le tout dans les vingt-quatre heures qui auront suivi *ladite connaissance*, seront, lors même qu'elles seraient reconnues exemptes de toute complicité, punies pour le seul fait de non-révélation, de la manière et selon les distinctions qui suivent.» On lit dans l'art. 105 : «A l'égard des autres crimes ou complots mentionnés au présent chapitre, toute personne qui, en *étant instruite*, n'aura pas fait les déclarations prescrites par l'art. 103, sera punie d'un emprisonnement de deux à cinq ans, et d'une amende de 500 f. à 2000 f.», c'est là le texte des lois invoquées par l'accusateur; or, le législateur a-t-il donc prétendu que toute espèce de document donnait cette connaissance qui constitue la condition nécessaire du délit de non-révélation? Voici à cet égard comment s'exprimait, dans la discussion du Code pénal, M. Bruneau-Beaumez, membre de la commission de législation :

« Votre commission néanmoins ne doit point vous laisser ignorer que dans la première rédaction du présent projet de loi, il existait une disposition qui lui a paru offrir des inconvéniens et des dangers, et sur laquelle elle a présenté des observations à la section du conseil d'État. Son effet eût été d'établir une distinction entre les personnes qui recevraient une communication directe de complots contre le souverain et l'État, et celles qui n'en auraient été instruites que *fortuitement*, ou *par des voies indirectes*. Toutes étaient accusables et plus ou moins punissables. Nous avons pensé, Messieurs, que ces expressions, *fortuitement* ou *par des voies indirectes, pouvaient donner lieu à des poursuites* et *à des jugemens arbitraires*; et le conseil d'État, qui s'empresse d'accueillir les idées libérales, n'a point hésité à en ordonner la suppression.

» Le projet actuel, sagement modifié par ses auteurs, exige que les prévenus de réticence aient eu connaissance des crimes de lèse-majesté ou de haute trahison ; *ce qui suppose, ou plutôt ce qui établit la nécessité d'une connaissance véritable, d'une connaissance réelle, d'une connaissance enfin telle que la raison la conçoit et que le juge peut l'exiger.*

» *Cette concession importante*, en faisant connaître l'esprit qui anime le législateur, *doit prévenir ou calmer bien des inquiétudes, et votre commission la considère comme une des plus précieuses améliorations qu'elle eut jamais obtenues de la justice du conseil d'Etat.* »

Ainsi il s'agit d'une connaissance directe, c'est-à-dire, qui porte sur le complot en lui-même, et non pas sur un fait qui n'implique pas nécessairement l'existence du complot. Celui qui, à l'insu des conjurés, les écoute et se rend maître de leurs projets, n'a pas reçu d'eux les confidences qu'il a surprises ; il a cependant connaissance directe du complot. Mais que prouve une lettre anonyme et quelle connaissance donne-t-elle à celui qui la reçoit ? une semblable lettre ne prouve que sa propre existence ; celui qu'elle atteint ne sait qu'une chose, c'est qu'une lettre existe ; c'est là tout ce dont il a connaissance (1); il sait qu'une lettre est parvenue dans ses mains, et que cette lettre parle d'une trame, d'un complot. Hors de là il ne sait plus rien.

---

(1) Voir aux pièces justificatives les opinions de plusieurs criminalistes.

M'accuse - t - on de me livrer à des suppositions fantastiques ?... Écoutez.

M. Cassan de Floirac, uni par les liens de la parenté et par ceux de l'alliance à des hommes très-marquans du côté droit, était payeur-général à Laon; mis en disponibilité après les événemens de juillet, il vivait paisiblement avec sa femme, ses enfans et sa belle-mère à Saint-Julien, sa maison de campagne, lorsqu'un sieur Vannuffeld, habitant dans les environs, et qui avait eu avec lui des discussions de voisinage, crut que le moment de la vengeance était arrivé : il fabrique, en déguisant son écriture, une lettre dont voici les termes : « Monsieur, j'ai reçu des nouvelles de notre ami, il paraît que tout espoir n'est pas perdu encore, la garde nationale parisienne commence à se dégriser sur le compte de notre infernal gouvernement ; on *a reçu des nouvelles d'Edimbourg*, il paraît que l'on y tient toujours conseil avec certitude que les grandes puissances n'abandonneront pas notre illustre et paternelle famille, et viendront venger et délivrer nos malheureuses victimes de Vincennes. De notre côté faisons tous nos efforts pour nous insinuer dans l'esprit populaire, avec de l'argent on en viendra à bout, et nous écraserons la tête du serpent libéral. Le correspondant a dû vous remettre la missive dont il était chargé, qui sera, je crois, l'objet *de notre prochaine réunion.*

»Mes amitiés à *madame Cassan et à madame Boutet* » ( mère de madame Cassan.)

Cette lettre était écrite et conçue avec une perfidie remarquable; les civilités qui la terminaient annonçaient un familier de la maison; elle accusait des réunions fréquentes; il y avait un foyer de conspiration.

La lettre est pliée, cachetée; elle porte pour suscription : à M. Cassan de Floirac, ex-payeur à Laon. Quand le pain est sec, Vannuffeld la décachète pour faire croire qu'elle a été reçue et lue, et après avoir remarqué que M. Cassan, en se rendant à sa campagne , passait toujours dans un sentier qui règne derrière le village de Mons en Lannois, il profite de l'obscurité pour aller placer la lettre à l'entrée de ce sentier, et au point où il aboutit dans une rue du village.

La lettre est trouvée le matin par des ouvriers qui la font lire; elle devient publique; la population des environs s'indigne; on est prêt à se transporter à St.-Julien. L'autorité locale calme l'effervescence et envoie la lettre au préfet. M. Cassan est mandé, il proteste de son innocence. La lettre est renvoyée au procureur du Roi, qui prend le sage parti d'informer sans arrestation, et qui, par son activité et son intelligence, finit par découvrir que l'écriture ressemble beaucoup à celle de Vannuffeld; ce magistrat habile parvient à ce résultat, en comparant l'écriture de la lettre avec celle qui se trouve sur les registres de l'état civil de toutes les communes voisines. Vannuffeld est mandé au parquet, on lui dicte un corps d'écriture, et pour cela on choisit le texte de la lettre elle-même. Il aperçoit le but de cette opération et déguise son écriture d'une autre manière; mais malheureusement pour lui, il retombe dans les mêmes fautes d'orthographe qui, dans l'original, étaient au nombre d'une douzaine et si bizarres que la même personne pouvait seule récidiver. On l'arrête, il se renferme d'abord dans un système complet de dénégation, mais au bout de quelques jours il demande lui-même à subir un interrogatoire, et avoue qu'il avait eu la coupable pensée de se venger de M. Cassan, à qui il en voulait depuis long-temps; que c'était dans cette intention qu'il avait préparé cette espèce de guet à pens; il prétend toutefois qu'il avait abandonné ce projet, et que si la lettre avait été perdue, c'est qu'elle était tombée par mégarde de sa poche; que la publicité qu'elle avait reçue n'était pas son fait, ni le résultat de sa volonté, mais bien de l'indiscrétion de paysans qui l'avaient lue, etc, etc.

Relâché comme innocent d'un crime, Vannuffeld fut repris pour délit de diffamation par M. Cassan, qui soutint que bien que l'article 367 du Code pénal fût aboli par la loi du 17 mai 1819, il fallait transporter de cet article dans la nouvelle loi toute la définition qui y est donnée de la calomnie. Vannuffeld a été condamné comme diffamateur.

Vous connaissez maintenant, MM. les jurés, ce que la haine saurait faire de la doctrine qui prêterait de la force aux écrits anonymes (1).

_________

(1) Voir le jugement aux pièces justificatives.

Qu'ai-je fait? et n'entendez-vous pas M. le procureur-général s'il répond à mes prévisions mieux que je n'ai réalisé les siennes, qui va m'accuser de démontrer l'évidence.' Sans doute, dira-t-il, si la note se trouvait seule, absolument seule, au procès, l'accusation ne serait pas soutenable, et je l'aurais abandonnée ; mais les sentimens connus d'Auguet, mais la double explication qu'il a donnée sur la manière, dont cette note est tombée entre ses mains ; mais le soin qu'il a pris de la conserver... Ainsi, les sentimens ! toujours les sentimens ! et ne voyez-vous pas qu'une note anonyme doit nécessairement exprimer des pensées qui ne soient pas sans quelque analogie avec celles que l'opinion prête à celui que l'on veut perdre. L'ennemi de M. Cassan ne l'avait pas oublié ; à quoi servirait d'adresser une note carliste à un ennemi connu des habitans d'Holyrood ?... Les sentimens, c'est toujours la note, et rien que la note. Dans l'impossibilité de parler dans sa réplique des voyages, des soirées musicales, et de tout ce qui se trouve pour toujours banni de la discussion, M. le procureur-général s'attachera probablement à l'une des circonstances de l'instruction, il insistera sur la double explication dont la note est devenue le sujet, c'est encore dans les travaux de M. le procureur-général que je vais puiser ma réponse, c'est encore le défenseur de Monchy que j'appelle à mon secours.

C'était une explication assez inadmissible que celle opposée par Monchy au ministère public. Monchy prétendait que la lettre appelée mystérieuse avait été copiée par lui sur un modèle qu'il avait reproduit sans le comprendre.

Tout ce que dit Monchy est invraisemblable, disait l'avocat-général ; « eh ! bien, répondait l'avocat, » l'invraisemblance serait-elle portée plus loin en- » core, qu'en conclure? *Que Monchy n'a pas voulu* » *vous dire la vérité.* Ce serait une faute grave, sans. » doute, mais non un crime qui méritât la mort.

» Des explications, nous le répéterons, parce que » c'est une vérité qu'on paraît trop disposé à oublier, » des explications ne sont demandées à un accusé que » dans son propre intérêt. Quand ces explications sont » invraisemblables, la justice les oublie ; mais elle n'en » fait jamais usage contre lui, parce que ce serait ad- » mettre une espèce de suicide judiciaire, que la rai- » son et la morale repoussent également............. »

Ai-je maintenant besoin de vous dire que si la réception d'une lettre ou d'une note anonymes n'ouvre pas le délai fatal des révélations, la conservation de ce document ne lui donne pas une puissance qu'il ne recèle pas en lui-même ; est-il donc sans intérêt de découvrir l'auteur d'une malveillante machination ? Pourquoi conserver ? a dit et dira sans doute encore le ministère public. Pourquoi détruire ? répond l'accusé.

Il faut donc perdant de vue et cette variation que la terreur explique, et cette précaution qui seule pouvait donner les moyens de remonter à l'origine de la note demander à M. le procureur-général ses preuves : il répondra la note anonyme. Mais la note anonyme, dans cet état d'isolement où la discussion l'a réduite, ne peut plus, de l'aveu même du ministère public, devenir la base d'une condamnation.

La cause est plaidée.

Cependant, encore un mot.

Messieurs les jurés, lorsque la loi du 17 septembre 1793, fut proposée par le comité de salut public, un cri d'horreur se fit entendre dans toutes les parties de la salle ; si cette loi passe, s'écrièrent plusieurs députés, nous n'avons plus qu'à nous donner la mort: eh bien, si les doctrines nécessaires au triomphe de l'accusation pouvaient s'autoriser de la réponse que nous attendons de vous, toutes les passions, comme au temps de la loi des supects, auraient retrouvé des armes. Que de piéges artistement tissus ! que d'apparences habilement préparées ! que de fois le ministère public, entraîné dans de cruelles méprises, aurait à déplorer sa victoire ! plus de sécurité pour les familles ! les écrits anonymes resteraient entre les mains des méchans le moyen toujours facile de provoquer des agitations nouvelles !......... Portez donc, Messieurs les jurés, vos regards au-delà de cette enceinte, et voyez par quels rapports intimes cette cause se rattache à la paix publique. Confondez les projets de la calomnie ! appropriez-vous, en les appliquant, ces belles maximes que les criminalistes ont puisées dans l'observation du cœur humain, et dont ils nous ont transmis le noble héritage ; détournez par une défaite utile le pouvoir des voies sans issues dans lesquelles il s'est engagé : Calmez surtout les agitations au milieu desquelles nous vivons, en montrant que toutes les opinions politiques peuvent également compter sur votre inflexible impartialité.

M. le procureur-général commence ainsi sa réplique :

« Déjà dans plusieurs affaires politiques on a parlé des erreurs du ministère public; en alléguant qu'il s'est déjà trompé plusieurs fois, on espère faire croire qu'il se trompe encore. Que dans le monde, que dans les journaux même, on ait cherché à rendre le ministère public responsable des accusations qui sont renvoyées devant le jury, je ne m'en étonnerais pas mais qu'une telle inculpation parte du barreau; voilà ce qui me surprend à juste titre, car je pourrais y voir autre chose que de l'erreur.

» Puisque l'occasion se présente, et pour que la vérité retentisse enfin au dehors, je vais expliquer, une fois pour toutes, le genre d'action du ministère public. Il n'accuse pas, il ne renvoie pas les accusés devant les assises; il reçoit de l'autorité administrative des renseignemens qu'il s'empresse de communiquer à l'autorité judiciaire; il provoque une instruction dont les juges seuls sont chargés, et dont la responsabilité ne saurait s'étendre jusqu'à lui. Pour ne pas sortir de l'espèce actuelle, je dirai que le procureur-général a reçu de la police des renseignemens dont il n'a pas fait mystère, car les pièces sont au dossier. La chambre d'accusation et la chambre correctionnelle réunies, au nombre de vingt magistrats, ont seules prononcé le renvoi de M. Auguet devant la Cour d'assises.

» Ce renvoi était-il fondé? L'instruction et les dé-bats, les tergiversations mêmes de l'accusé, les contradictions palpables où il est tombé à plusieurs reprises, tout, en un mot, se réunit pour établir sa culpabilité. »

L'organe du ministère public rentre dans le fond de la cause, et rattache la note anonyme aux preuves, évidentes selon lui, d'un complot que le prévenu est coupable de ne pas avoir révélé. « Nous ne faisons point, dit-il, un procès aux opinions; mais à quoi bon venir devant une Cour d'assises exprimer des vœux qui retentissent le lendemain dans les journaux? A quoi bon ces vœux en faveur de Henri V qui sera, dit-on, rappelé un jour par le vœu des Français? Espère-t-on ainsi rétablir cette tranquillité que le défenseur reprochait au gouvernement d'avoir troublée par des suspicions injustes? Croit-on faire preuve de patriotisme en prédisant les malheurs de la patrie? Une telle manière de se défendre est toujours d'un mauvais citoyen, et par cela seul, il faut le dire, on mériterait d'être condamné. » (Murmure général et prolongé dans l'auditoire. )

M. le président interpelle l'accusé sur des caricatures et des chansons injurieuses au roi des Français, qui ont été saisies à son domicile. M. Auguet répond que les carricatures ont été données à sa femme, et que les chansons lui sont parvenues sous la même enveloppe que l'écrit anonyme.

Mᵉ Hennequin : Il ne faut pas que l'accusation ait, pour ainsi dire, peur d'elle-même. Si la caricature, car il n'y en a qu'une , doit figurer parmi les charges de l'accusation , alors il faut qu'elle tombe en discussion. Je dirai donc à messieurs les jurés que cette caricature qui se vendait publiquement n'est pas du tout dans le sens de la note anonyme, comme ils pourront s'en convaincre. Cette caricature appartient à d'autres idées ; on ne peut donc pas les présenter comme formant un seul et même système avec la note et les chansons saisies au domicile de l'accusé.

M. le président : On a trouvé aussi chez vous trois paquets de cheveux ; l'un de ces paquets contient des cheveux d'enfant, et il est étiqueté du nom de Henri ; un autre contient des cheveux blancs , et dans le troisième se trouvent des cheveux blonds ; pourriez-vous dire de quelles personnes proviennent ces cheveux ? ( De violens murmures éclatent de nouveau dans l'auditoire ; M. le président déclare que si ce scandale se renouvelle , il fera évacuer l'audience , et que le débat continuera à huis-clos. )

M. Auguet : Les cheveux d'enfant sont ceux d'Henri V ; les cheveux blancs sont ceux de mon père, et les blonds ceux de mon second fils.

Mᵉ Hennequin : Je n'accepte pas le reproche d'avoir adressé au ministère public des critiques imméritées. Le ministère public est une grave magistrature dont le droit et le devoir sont de juger les accusations avant de s'en déclarer le soutien. Ainsi, dans le droit qu'a toujours le ministère public d'abandonner à la barre les accusations qui ne lui paraissent pas fondées, se trouve le principe de sa noble et nécessaire responsabilité. Ce serait dénaturer une des plus belles institutions des temps modernes que de la présenter comme enchaînée nécessairement à la défense d'un système que la conscience du procureur du Roi aurait condamné. Il faut donc que le ministère public accepte et ce procès, et tous ceux sur lesquels le jury a déjà prononcé. J'étais de mon côté dans mon droit, et dans la vérité de l'institution elle-même, lorsque je me suis élevé contre l'adhésion que le ministère public avait donnée sans fondement, selon moi, à une telle accusation(1).

Revenant à la cause, Mᵉ Hennequin cite, comme une preuve de l'innocence de l'accusé, la précaution qu'a prise l'auteur de l'écrit anonyme de mettre en tête ces mots : *pour M. Augué*. Cette inscription était inutile si la remise se fût effectuée par la main d'un complice.

Nous regrettons de ne pouvoir offrir à nos lecteurs que les premières pensées de la brillante réplique qui a terminé la défense de M. Auguet : mais la sténographie s'est arrêtée là : vainement nous aurions demandé à Mᵉ Hennequin de nous mettre à même de livrer cette réplique à l'impression :

_____

(1) Voir aux pièces justificatives des observations sur les devoirs du ministère public, publiées devant la cour des pairs en 1820.

elle était toute composée de ces mouvemens de l'âme, de ces paroles du cœur, de ces traits de l'esprit, qu'on ne sait pas avant l'audience et qu'on ne sait plus après, que la mémoire de l'orateur oublie dès que les impressions qui l'inspirèrent se sont éloignées, et qu'on ne peut retrouver autre part que dans les souvenirs de ceux qui l'ont entendu.

M. Naudin, président de la Cour, fait le résumé des charges et des moyens de défense.

M. Auguet, déclaré non coupable après dix minutes de délibération, a été acquitté et mis en liberté. De nombreux applaudissemens accueillent cette décision.

# PIECES JUSTIFICATIVES.

## N. 1.

Extrait *des interrogatoires subis devant M. Des-*
*mortiers, par M. Auguet, prévenu alors de com-*
*plot contre la sûreté de l'Etat.*

D. Avez-vous assisté au service de Saint-Germain-
l'Auxerrois ?

R. Oui, Monsieur,

D. Dans quel but ?

R. Pour rendre hommage à la mémoire de S. A.
R. Mgr. le duc de Berry, mon ancien général, sous
les ordres duquel j'ai servi à Gand.

D. Vos mauvais sentimens ont été la cause de
votre arrestation; que répondez-vous ?

R. Je n'ai rien à répondre, puisque vous ne me
faites pas de question ; vous m'apprenez seulement
que mes mauvais sentimens ont été la cause de mon
arrestation , ce qui a lieu de m'étonner ; car je
croyais que les actions seules étaient punissables,

D. Voulez-vous le renversement du gouvernement actuel ?

R. Ce serait une véritable calamité ; car j'aime encore mieux ce gouvernement-ci qu'une république.

D. On vous accuse de faire partie d'un complot tendant au renversement du gouvernement actuel.

R. L'accusation est injuste ; car mes opinions ont toujours été exprimées publiquement. J'ai toujours déclaré que toutes mes espérances étaient pour Henri V; mais Henri V, élevé à l'école du malheur, et non entouré de ces intriguans qui ont perdu la France, et qui la perdraient encore nécessairement s'il revenait maintenant. Mon opinion est que les Français eux-mêmes le rappelleront.

D. Expliquez-vous.

R. Je parle de ces courtisans de la cour déchue, qui nécessairement formeraient le conseil de régence si Henri V venait avant sa majorité.

D. Ainsi vous ne reconnaissez pas pour votre Roi Louis-Philippe ?

R. Pour mon Roi de fait, oui ; de droit, non, parce que je ne crois pas à la souveraineté du peuple.

D. Ainsi vous faites des souhaits pour le retour de Henri V.

R. Oui, dans le sens dans lequel je me suis déjà exprimé.

D. Il n'est pas étonnant alors que vous vous occupiez dès-à-présent de son retour ?

R. Je ne m'occupe nullement de son retour; je n'ai pas mission pour cela, le rétablissement de ma fortune est la seule pensée qui m'occupe maintenant. L'on peut s'en assurer par les achats que je fais à Paris depuis plus de six mois.

D. Cependant la note qui a été trouvée chez vous, dont les explications ne sont pas satisfaisantes, pourrait faire supposer le contraire, surtout quand on voit que vous vous occupez de faire des collectes, et qu'on trouve chez vous plus d'argent que vos moyens ne vous permettent d'en avoir.

R. D'abord je déclarerai que ce n'est pas moi qui me suis occupé de ces collectes, mais bien ma femme. Quant à l'argent qu'on a trouvé chez moi, c'est bien peu de chose en comparaison de la fortune que j'avais, et je m'en sers tous les jours pour payer les marchandises que j'achète.

# N. 2.

*Ordonnance de Louis XI. — Traité des matières criminelles.* ( Chap. 2, page 89. )

L'ordonnance deLouis XI, donnée au Plessis-les-Tours au mois de décembre 1477, porte que toutes personnes qui *sauront ou auront connaissance* de quelques *traités, conspirations, machinations ou entreprises* qui se feront à *l'encontre de la personne du Roi, de la Reine de France et de leurs enfans* et contre *l'Etat,* et leur sûreté, et la chose publique du royaume, seront tenus et réputés coupables du crime de lèze-majesté et punis de *semblables peines et pareille punition* que doivent être les principaux auteurs, fauteurs, conspirateurs et conducteurs desdits crimes, sans exception ni réservation de personnes quelconques, de quelqu'état, condition, dignité, noblesse, seigneurie, prééminence ou prérogative que ce soit ou puisse être, soit à cause du sang royal ou autrement, en quelque manière que ce soit, s'ils ne le révèlent au roi ou principaux juges et officiers des pays où ils seront, le plus tôt que possible leur sera, après qu'ils en auront eu connaissance : auquel cas et quand ainsi les révèleront et envoyeront révéler, ils ne seront en aucun danger de punition desdits crimes, mais seront dignes de rémunération envers le Roi et la chose publique.

## N. 3.

*Carnot , Commentaire sur le Code pénal.* (Tome I, p. 293.)

La commission de législation du conseil d'Etat, qui avait été chargée de la révision du projet de Code, avait demandé que l'article 103 fût rédigé de manière que l'on ne pût en faire l'application à ceux qui auraient acquis la connaissance du complot *par voie indirecte :* car, disait son rapporteur, ce que l'on apprend indirectement et par hasard, ne peut être tenu pour certain, lorsqu'il s'agit surtout d'un complot non exécuté. Des apparences de réalité, des circonstances même vraisemblables, ajoutait-il, ne peuvent imposer le devoir de déclarer ce qui viendrait à sa connaissance sur des caractères si équivoques, que souvent l'on n'y attache soi-même aucune foi : quelle doit être en effet la confiance que peuvent inspirer des bruits vagues, des confidences faites assez souvent par esprit de légèreté et de malveillance ! La police a tant de moyens d'être informée de ces bruits, de les suivre, de les constater ; elle en a tant de s'assurer momentanément de ceux qui les ont répandus, de questionner ceux qui les ont reçus, qu'il ne semble pas convenable d'en faire des articles dans le Code ; car, d'ailleurs, continuait-il, le commandement de la loi produira son effet ou il ne le produira pas. S'il le produit, les dénonciations vont se multiplier ; leur multiplicité, leur diversité embarrasseront peut-être plus le gouvernement qu'elles ne l'éclaireront, et il n'en résultera presque jamais rien d'avantageux : si la loi demeure, au contraire, sans exécution, il en résultera une espèce de scandale public.

Mais la section du conseil à laquelle fut renvoyé le travail de la commission, pensa qu'il serait dangereux d'établir une distinction entre celui qui aurait eu la connaissance direct du complot, et celui qui ne l'aurait eu qu'indirectement, motivant son avis : « Sur ce qu'il n'y a pas de milieu entre savoir et ne savoir pas : que c'est aux juges seuls qu'il peut appartenir d'apprécier les circonstances à la charge et à la décharge du prévenu. »

Il entra donc dans l'esprit de la section, comme il est entré dans l'esprit de l'article 103, que les circonstances doivent décider, en pareil cas, de l'innocence et de la culpabilité du prévenu; que l'appréciation en est confiée aux tribunaux, et que par suite les magistrats doivent en faire un sérieux examen; qu'ils ne doivent pas s'en tenir au simple titre de la prévention, ni même à la preuve acquise de la non-révélation, pour prononcer la condamnation du prévenu; qu'ils doivent s'assurer si le révélateur n'aurait pas acquis la connaissance du complot d'une manière vague et incertaine, de sorte qu'il pût supposer que les paroles qu'il aurait entendues n'auraient été que le résultat du mécontentement ou d'une injustice éprouvée, plutôt que l'existence d'un véritable complot; aussi *le membre le plus influent du conseil, par son savoir et la haute dignité dont il était revêtu, résumant la discussion, déclara-t-il qu'il devait être regardé comme bien entendu que l'article 103 ne pourrait recevoir d'application, qu'au cas où l'on aurait eu réellement connaissance d'un complot formé ou d'un crime pro-*

*jeté, et non pas à célui où l'on n'aurait entendu qu'une sim-*
*ple conversation qui n'aurait rien particularisé.*

## N. 4.

*Bourguignon. — Jurisprudence des Codes criminels.*
(Art. 103, Code pénal).

Une connaissance *vague* ou indirecte ne suffit pas
pour exposer à la peine de non révélation. A la séance
du conseil d'état du 15 octobre 1808, le président du
conseil dit que l'article s'appliquait à ceux qui ont eu
connaissance de complots et attentats, et non à l'homme
qui a entendu une simple conversation.

On revint sur cet article à la séance du conseil du
28 juillet 1809, pour expliquer la distinction que l'on
avait introduite dans l'art. 104, entre celui à qui le
complot avait été directement communiqué, et celui
qui n'en avait été instruit que fortuitement ou par des
voies indirectes; le comte Berlier, rapporteur, s'exprimait ainsi : « La rédaction proposée serait justement
combattue si elle imprimait le caractère du crime à la
non révélation de connaissance *vague;* mais la connaissance *indirecte* dont parle l'article, n'est pas la connaissance *vague* que l'on redoute, c'est ce qu'on sait par
des *tiers*, au lieu de le tenir de l'*auteur* même du complot. Voilà la distinction que fait l'article en graduant
les peines en conséquence; mais dans tous les cas, la
*connaissance doit être positive* et s'appliquer à des faits ou
discours précisés, soit qu'ils émanent de l'auteur ou
d'un tiers.

Néanmoins, à la séance du 9 janvier 1810, la commission du corps législatif, ayant réclamé contre cette
distinction entre la connaissance *directe* et *indirecte,*

prétendant que ce que l'on apprend *par hasard ou indi-rectement*, ne *peut* pas être tenu *pour certain par celui qui l'apprend*, surtout quand il s'agit d'un projet, d'un complot non exécuté, proposa une nouvelle rédaction. Le conseil reconnut que cette distinction entre celui qui avait une connaissance *directe*, et celui qui n'a qu'une connaissance *indirecte*, était en effet dangereuse, parce qu'il n'y a pas de milieu entre *savoir* et ne pas *sa-voir*, que les juges apprécieraient les circonstances. En conséquence, les articles 104 et 105 furent rédigés tels qu'ils le sont aujourd'hui. Nous avons cru devoir rap-peler ces circonstances des débats comme très propres à faire connaître dans quel esprit les art. 103 et 104 ont été rédigés. — ( Voy. le procès-verbal et la note du manuel sur cet article).

## N. 5.

Dans une note de la réplique prononcée en 1820 devant la Chambre des Pairs, par M. de Peyronnet, qui, dans le procès de la conspiration, remplissait les fonctions de procureur-général, on lit ce qui suit :

« Il y a des gens qui se sont fait, depuis quelque » temps, une étrange idée des fonctions du ministère » public. On dirait, à les entendre, qu'il est dans nos » goûts, dans nos habitudes et dans nos devoirs, de » provoquer sans discernement la condamnation de tous » les malheureux qu'on accuse. Si de pareils devoirs » étaient en effet attachés à ces fonctions, je connais un » bon nombre de magistrats qui se hâteraient de les ab-» diquer. Leur premier devoir est d'être justes, c'est-à-» dire indulgens autant que la loi le permet, et sévères

»seulement lorsqu'elle l'exige. Inflexibles et même
»opiniâtres dans l'instruction et dans le débat, parce
»qu'ils ont encore l'espérance de découvrir les faits
»qu'ils ignorent, ils changent de rôle quand le moment
»vient de conclure, parce qu'il ne s'agit plus de recher-
»cher ce qui peut être, mais de raisonner sur ce qui est;
»ni d'obtenir les preuves qu'on voudrait avoir, mais
»d'apprécier celles qu'on a.

»Ce n'étaient jusqu'alors que des officiers de police
»judiciaire; ce sont dès ce moment de véritables ju-
»ges, qui délibèrent et se déterminent par les mêmes
»principes qu'eux. Je n'y vois qu'une différence; c'est
»qu'ils opinent publiquement et que l'on ne compte
»pas leur suffrage. Le procureur-général, disait Co-
»chin, est l'homme de la religion, du roi et de la pa-
»trie.» « Or, ni la religion, ni le roi, ni la société, ne
»veulent la condamnation d'un homme qui n'est pas
»légalement convaincu.»

Dans une seconde note on lit encore :

Un écrivain dont la réputation est faite, vient de
publier une brochure, où il rend compte en peu de
mots de ce procès. Entre autres choses qui méritent
d'être remarquées, celle-ci m'a causé, je l'avoue,
quelque surprise.

« La Cour, dit cet écrivain, a contraint l'accusation
»de se renfermer entre des limites déterminées, de se
»concentrer sur des faits précis, et qui se pussent re-
»trouver dans les textes légaux. Elle en a banni les énon-
»ciations générales, les présomptions vagues, les in-
»ductions tirées de circonstances étrangères...... Les
»questions de droit ont été débattues en elles-mêmes,

» et pour découvrir le vrai sens des lois, non pour le
» plier à des passions ou à des convenances de parti. »

M. Guizot, en parlant ainsi, exprime très bien ce
que le ministère public devait faire, ce qu'il a fait.

Il ne se trompe qu'en supposant qu'il y a été contraint par la cour.

Le ministère public n'y a été contraint par personne,
il n'a pris conseil que de sa conscience et de son devoir.

Point d'accusation sans crime, point de crime hors
des actes que défend la loi; telle est la doctrine du ministère public et la règle invariable de ses poursuites.

## N. 6.

MM. Hennequin , Odillon-Barrot , Coffinières et Parquin , avaient été chargés , devant la chambre des pairs, dans le procès de la conspiration , de répliquer au ministère public. Nous croyons utile de donner quelques extraits de la réplique de M. Hennequin , chargé d'examiner quel doit être , en matière criminelle, le caractère de la preuve. Rapprochant ces extraits de la défense de M. Auguet, il sera facile de reconnaître que M. Hennequin soutient encore en 1831 les doctrines qu'il professait en 1821.

NOBLES PAIRS,

« Est-il vrai que les juges et les jurés soient condamnés, par les lois nouvelles, au malheur de marcher, d'errer, de s'égarer, sans conducteur et sans guide , au milieu des obscurités et du dédale des procédures criminelles? Est-il vrai qu'aujourd'hui, en 1821, tout soit remplacé pour les accusés par les hasards de la fatalité et par je ne sais quelle doctrine de l'arbitraire?

» Voilà ce que je vais examiner. Je viens rechercher avec vos Seigneuries s'il est vrai que les plus chers intérêts de l'homme, sa liberté, sa vie, son honneur, soient pour ainsi dire sans garantie , et que le sort de ces grandes luttes soit abandonné désormais au caprice des impressions du moment. C'est dans la discussion des doctrines judiciaires du ministère public que je dois me renfermer. Il me sera ensuite permis de prononcer un mot dans mon intérêt, de donner quelques explications qui peuvent être encore nécessaires à la défense de mon client.

» Les défenseurs ont compris que ce serait prolonger par trop long-temps la contention d'esprit, les sacrifices de toute nature que ce procès impose à la noble Cour, que de rentrer vingt-neuf fois dans la carrière, et c'est ainsi que notre confiance réciproque a remis à quelques défenseurs le droit de prendre la parole dans ces derniers instans.

» Quelle doit être la nature, les caractères de la preuve en matière criminelle? Comment le ministère public doit-il prouver le crime ou le délit dont il demande la réparation? Voilà le problème, je l'aborde à l'instant.

» Aujourd'hui, nobles Pairs, les accusés trouvent dans notre droit criminel la plus forte des garanties que le législateur leur ait jamais données. Aujourd'hui les condamnations ne peuvent être que la conviction intime exigée par la loi? mais qu'est-ce donc que la conviction intime? N'est-ce pas cet état de l'âme qui exclut toute incertitude; cette situation qui ne permet pas d'apercevoir la possibilité de l'innocence; cette démonstration qui, marchant avec une certitude invincible du connu à l'inconnu, ne permettrait pas d'errer, sans une sorte de renversement des lois ordinaires de la nature? Or, cette conviction peut-elle jamais résulter d'une impression fortuite ou fugitive?

» Peut-on la trouver dans l'aveu, lorsqu'il est seul, dans des paroles destituées de tout autre indice; peut-on la rencontrer dans des témoins mal instruits ou mal intentionnés?

» *L'aveu :* quelle peut être sa force, son autorité?

» Dans toutes les discussions judiciaires, nobles Pairs, c'est au demandeur à prouver sa thèse, et ce serait d'abord une bien étrange exception aux principes, que cette facilité accordée à l'accusation de se présenter sans armes; et quelle ne serait pas l'injustice de cette doctrine! Quoi! l'accusé ne peut porter témoignage pour lui-même! Il ne peut donner le caractère de la vérité aux faits justificatifs qu'il déclare, et il n'aurait que le cruel privilège de s'accuser et de se perdre! On comprend qu'il y a là-dedans quelque chose que la raison repousse. Et c'est la remarque de Paul Rizzi, jurisconsulte milanais : « Quel malheur ne serait-ce pas pour l'homme, si son témoignage n'avait valeur auprès des juges que lorsqu'il porte contre lui-même! Quelle fureur et quelle maxime plus tyrannique que celle qui établirait que ceux-là seuls sont à croire qui se chargent et s'accusent par leur propre témoignage, et non ceux qui s'excusent et se défendent! »

» Une seconde réflexion se présente. Comment procède-t-on à l'interrogatoire des accusés? N'est-il pas vrai que pour les rassurer, les ramener au vrai, le juge les exhorte à ne rien craindre, les assure que tout dire c'est le moyen d'intéresser pour eux la justice? et il arriverait que, par une sorte de déloyauté légale, le juge s'emparerait de l'aveu ainsi arraché, et dirait à l'accusé : « Tu mas écouté, tu as déclaré ce que je te demandais; hé bien! maintenant cette confession que tu ne voulais pas faire devient une preuve contre toi. » Non, cette supposition de s'autoriser des aveux contre les accusés, de leurs aveux mêmes, a quelque chose que la raison rejette avec énergie. Et d'ailleurs, seraient-elles perdues pour les accusés ces cruelles expériences qui ont tant de fois appris que les aveux étaient un guide trompeur? Et qui peut dire si ce n'est pas au désespoir qu'il faut attribuer les aveux? Cette espèce de suicide judiciaire, qui sait si ce n'est pas l'inspiration de la générosité, surtout quand on voit sur les bancs de jeunes guerriers qui, par un courage nouveau, se font un devoir de concentrer sur eux les dangers de la justice, comme au jour de bataille ils appelaient sur leur poitrine tous les fers de l'ennemi?

» Il ne convient plus d'interroger les fastes de la jurisprudence criminelle, de citer les déplorables exemples que les aveux ont amenés, quand un magistrat vous a montré quel abyme on creusait sous vos pieds. Que dire après ce défenseur sacré, ce père *, cet orateur qui fait pleurer en se montrant, et qui vous a rappelé un procès d'autant plus mémorable, qu'il se rattache à l'un des beaux noms de la magistrature?

» Telle est, dit Quintilien, la nature de toute confession, que quiconque fait l'aveu d'un crime peut être considéré comme un être en démence. L'un s'y trouvera poussé par la fureur; un autre par une sorte d'ivresse; celui-ci sera victime d'une méprise; cet autre sera poussé par la douleur.

» *Ea natura est omnis confessionis ut possit videri demens qui de se confitetur. Hic furore impulsus est, alius ebrietate, alius error e, alius dolere.*

» J'ai dit que la conviction intime ne se trouve pas dans la déclaration de l'accusé. La trouvons-nous dans les paroles dont on voudrait s'armer contre eux? Les

---

* M. Hutteau, défenseur de son fils.

paroles sont de deux natures : ou elles constatent un fait que l'accusé rapporte et que l'accusateur incrimine, ou elles contiennent un fait que l'accusé explique d'une manière, et l'accusateur d'une autre : en telle sorte qu'il y a des paroles positives et des paroles soumises à des interprétations.

» Et d'abord, est-on bien sûr que la déclaration de l'accusé a été bien exactement recueillie ? Le ministère public a remarqué avec justesse le peu de foi qu'on devait ajouter aux procès-verbaux. Il n'est pas toujours absolument certain qu'il n'ait pas échappé, soit à celui qui parlait, soit à celui qui écrivait, une erreur au moins possible. Ainsi vous vous trouvez en garde contre le système des paroles, par l'extrême difficulté de les recueillir toujours avec une extrême fidélité. Et c'est M. le Procureur-général lui-même qui vous a loyalement signalé ce premier danger. Mais j'examine les paroles que l'on avoue, et qui racontent un fait constant. Il faut le dire, nobles Pairs, un accusé se trouve dans une sorte d'état hostile avec la société qui le poursuit. Il se défend ; c'est le moment du danger et celui des systèmes. Un accusé qui ne sait pas les lois, qui ne connaît pas le caractère des actions que la loi condamne, imagine, pour se justifier, de mettre en avant un fait faux qui sera précisément celui que la loi réprouve, au lieu d'une vérité qui l'aurait justifié. Je suppose que des hommes cherchent à ébranler un gouvernement absolu ; qu'ils parviennent à faire lire des proclamations dans des casernes ; que l'on saisisse des soldats, et qu'on s'occupe de la question de savoir si l'on doit condamner. Supposons que les juges adoptent en principe qu'ils condamneront seulement ceux qui auront entendu les proclamations. Cependant parmi les accusés se trouve un homme que séduit un système de défense assez plausible. Cet homme n'a point entendu la proclamation, mais il croit devoir sur ce point tromper la justice. Je dirai que je connaissais la proclamation; que je savais qu'on marchait contre le Gouvernement, et que si je suis resté sous les armes, c'était pour attendre le moment où les troupes de l'autorité paraîtraient, et abandonner alors la cause des rebelles. C'est un système plausible, mais c'est un système de mort pour le malheureux qui s'accuse par une supposition mensongère.

» Je ne crois donc pas que ce soient les récits d'un accusé qui puissent offrir à la justice les élémens de la conviction intime que la loi réclame. Je ne ferai pas l'injure à vos Seigneuries de leur parler de paroles douteuses, et de chercher si l'on peut y puiser une conviction intime. Ainsi je n'ai plus besoin de rappeler la solide défense de celui qui vous disait qu'on n'expliquait pas *une lettre mystérieuse avec un arrêt de condamnation* [*], *parce que la doctrine du ministère public est sur ce point favorable à la défense. M. le Procureur-général vous demande une conviction intime, et professe, avec tous les criminalistes, cette maxime toute remplie de raison et d'humanité, que les doutes se doivent résoudre en faveur de l'absolution.*

» Avant d'abandonner les aveux et les paroles, un mot sur l'indivisibilité de l'aveu.

» Sans doute lorsque le ministère public prouve sa thèse, quand il n'en demande pas la preuve à l'accusé, il peut bien ne pas être lié par une déclaration dont il n'a pas besoin. Mais quand toutes les preuves résident

_______________
[*] M. Persil.

dans la déclaration de l'accusé, de quel droit le ministère public irait-il choisir dans les déclarations qu'il invoque ? S'il a des preuves pour le commencement du récit, indépendamment de la déclaration, il pourra en contester le reste; mais si toute sa preuve est tirée de cette déclaration même, il devra l'accueillir tout entière......

» Aujourd'hui, comme autrefois, il n'y aura point de condamnation sur des aveux, sur de simples paroles; et l'aveu, quand il sera seul, sera indivisible. Ces maximes ne seront pas, si vous voulez, dans le texte écrit de la loi, mais dans le code de la raison , cette loi de tous les temps.

» Voyons ce que nous pourrons trouver dans les témoins. Et d'abord quelle sera l'autorité d'un témoin quand il sera seul ? La raison a déja répondu, et les paroles parfaitement ingénieuses de M. l'Avocat-général ont répondu pour moi. Deux quantités égales se détruisent : entre l'accusé qui nie et le témoin qui affirme, il faut une preuve. La raison exige deux témoins, dit Montesquieu, parce qu'un témoin qui affirme et un accusé qui nie font un partage, et il faut un tiers pour le vider. Paul Rizzy, que j'ai déjà cité, fait une très-judicieuse observation. « Outre qu'un seul homme, dit-il, quelque probité qu'il ait, ou quelque prudent qu'il soit, peut être trompé ou se tromper lui-même sur le sujet dont il témoigne. Ce que Puffendorf observe d'après Pline le jeune, mérite d'être pesé, c'est qu'il n'est pas de mensonge, quelque hardi qu'il soit, qui ne puisse trouver un témoin. *Nullum impudens est mendacium quod teste careat.* Et il ne saurait y avoir la même crainte lorsque deux personnes dignes de foi sont parfaitement d'accord dans leur témoignage. Sur la foi d'un seul témoin (1) le juge pourra bien concevoir une opinion et la dire avec esprit dans le monde; mais comme juré il ne pourra la présenter avec gravité dans la chambre du conseil. Que dirons-nous si le témoin est un homme intéressé à faire réussir sa déclaration? s'il est placé dans une telle situation que la vérité lui soit impossible? si c'est un ennemi de l'accusé? On comprend qu'il y aurait quelque chose de révoltant à donner ainsi à l'intérêt, à la haine ou bien à la vengeance les moyens judiciaires de se contenter. Un témoin a entendu tout seul une proposition, ou du moins il croit avoir entendu des choses coupables; enfin il a fait sa déclaration : il a besoin que sa déclaration subsiste; il plaide, il défend ce qu'il croit son honneur, et l'accusé plaide et défend sa vie. Qui pourra prononcer entre eux? Et d'ailleurs quelle garantie que le témoin ait bien entendu, bien compris? Et quels ne seront pas les doutes et les craintes, si ce témoin est un homme impatient, turbulent, que la présence de la

---

(1) Les lois qui condamnent un homme après avoir entendu un seul témoin, sont pernicieuses à la liberté.

Le bon sens demande que l'on admette au moins deux témoins; car un témoin qui assure une chose et un accusé qui la nie sont deux autorités égales et opposées l'une à l'autre : c'est pourquoi il faut qu'il y ait une troisième personne pour réfuter l'accusé, si d'ailleurs on n'a point de preuves incontestables.

Le témoignage d'un homme est d'autant moins digne de foi, que le crime est énorme et que les circonstances sont difficiles à croire.

(CATHERINE II, *Instruction pour le Code de Russie*, art. 110, 111, 112, 180.)

justice contient à peine? Le concours de plusieurs
témoins sur un même fait est la seule voie pour parvenir à la vérification, à la preuve.

» Ajoutons qu'il ne suffit pas que plusieurs témoins se
réunissent sur un fait ; il faut surtout que ces témoins
ne soient animés d'aucun sentiment de haine ou de
prédilection.

» La confiance que mérite un témoin s'altère en raison
de sa haine ou de son amitié pour le coupable. C'est
sur ce motif que les législateurs anglais considérant la
haine implacable qui régnait jadis entre la nation an-
glaise et la nation écossaise, défendirent de recevoir le
témoignage d'un Anglais contre un Écossais, ni celui
d'un Écossais contre un Anglais.

» Avant d'écouter un témoin, il faut considérer s'il a
quelque intérêt à dissimuler la vérité......

» Les témoignages ne conduisent à la certitude morale
que lorsqu'il est évident que le témoin n'a pas pu se
tromper, et n'a pas l'intention de tromper. Tout témoin
qui réunit ces deux caractères, doit ou devrait être
écouté. Tout témoin qui ne les présente pas, ne devrait
pas même être admis au serment : appeler de semblables témoins, c'est provoquer des erreurs et peut-être
des parjures.

» J'ai dit que la preuve criminelle devait être de nature à bannir toute incertitude, et que l'on ne la trouvait
ni dans les aveux, ni dans les paroles, ni dans les témoins isolés, ni dans les témoins ennemis : et c'est ici
que se place le souvenir de l'un de ces mouvemens
remplis de chaleur et de noblesse qui sont familiers à
l'orateur que je combats. Eh quoi ! s'est-il écrié, il faut
donc que nous quittions les marques de notre dignité !

que vous, nobles Pairs, vous abandonniez cette enceinte! Quels moyens désormais de convaincre et de
condamner!

» Prenez-y garde, nobles Pairs, je ne veux pas vous
dire que la preuve judiciaire et suffisante ne peut jamais
se rencontrer dans aucun procès criminel. Je dis ce
qui n'est pas la preuve, mais je ne soutiens pas que la
preuve est toujours impossible. J'ajouterai que les crimes réels s'environnent inévitablement d'une sorte de
notoriété qui permet bientôt à la justice de les constater
et de les punir, et M. le procureur-général trahit luimême la faiblesse de l'accusation. Eh! ne vaudrait-il
pas mieux, après tout, que vous ne descendissiez de
vos chaises curules qu'après avoir donné des exemples
rassurans à la société, que de vous voir sortir de cette
enceinte après avoir fait reculer la civilisation de deux
siècles en prononçant des condamnations sans
preuve!

» Point de condamnation sans des preuves plus claires
que le jour, et c'est encore une maxime de notre droit
que ce vieil axiome que tous les criminalistes modernes se sont empressés de rapprocher de l'article 342 :
*quod non est plena veritas, est plena falsitas, sic quod non
est plena probatio planè nulla est probatio.* Ces maximes
gouvernent tous les procès, et plus particulièrement
celui que la noble Cour doit juger. Plus la nature de
l'accusation est grave, plus on doit redouter l'influence
des passions. Plus on est indigné, plus on a besoin
d'être convaincu. Le judicieux Roehmer enseigne avec
raison « que plus le préjugé a de poids et de force,
plus la preuve du crime doit avoir de clarté et d'énergie; de sorte que des témoins inhabiles ne sont pas

propres, en des matières si graves, à nous en convaincre *de manière à ne laisser aucun doute.* » Dans les
accusations politiques les garanties doivent être plus
fortes et plus étendues; vérités proclamées par M. l'A-
vocat-général, et qui, depuis l'admirable discours de
lord Erskine, forment désormais le droit commun de
toute l'Europe civilisée (1).

» J'ai parlé à mes juges, je l'ai fait avec confiance;

---

(1) « En 1820, au théâtre de Drury-Lane, Jame Hadfield tira
un coup de pistolet sur le roi George III. M. Herskine, chargé
de la défense de l'accusé, parla en ces termes :

» Messieurs, je reconnais avec l'avocat-général que si, dans le
même théâtre, le prévenu eût tiré le même coup sur le plus
obscur des hommes assis dans cette enceinte, il aurait été conduit sur-le-champ, d'abord en jugement, et, s'il eût été déclaré
coupable, au supplice; il n'eût eu connaissance des charges
dressées contre lui que par la lecture même de l'acte d'accusation. Il serait demeuré étranger aux noms, à l'existence même
des hommes appelés, soit à prononcer sur son sort, soit à rendre
témoignage contre lui; mais, prévenu d'une attaque meurtrière
contre la personne du roi, la loi le couvre tout entier de son
armure. Les propres juges du roi lui ont donné un conseil, non
de leur choix, mais du sien. Il a reçu une copie de l'acte d'accusation dix jours avant le débat. Il a connu les noms, les qua-
lités, la demeure de tous les jurés désignés devant la cour; il a
pu exercer, dans sa plus grande étendue, le privilège des récu-
sations péremptoires. Il a joui de la même faveur à l'égard des
témoins qui déposent contre lui... La loi a fait plus encore, elle a
voulu qu'un intervalle solennel séparât le jugement du crime :
quel plus sublime spectacle que celui d'une nation entière légalement déclarée, pour quelque temps, incapable de rendre
la justice, et cette quarantaine de quinze jours prescrite avant
le débat, de peur que l'esprit des hommes ne se laissât saisir de
prévention et de partialité. »

j'ai parlé du droit des accusés. J'ai des observations d'un autre ordre à présenter à la noble Cour.

» Lorsque l'auguste auteur de la Charte constitutionnelle a voulu que vos Seigneuries fussent investies du droit de juger certaines accusations politiques, ce n'était pas par une sorte de défiance dans la sagesse et l'indépendance des Cours de justice. Un autre sentiment a présidé à cette importante attribution.

» Juges, vous êtes revêtus de la toute-puissance judiciaire ; Pairs du royaume, vous exercez encore une autre autorité. Les autres magistrats ne peuvent juger que les hommes ; vous, nobles Pairs, vous pouvez juger l'époque. Et c'est ici que je présenterai deux considérations que d'autres juges ne pourraient peut-être pas entendre.

» La première, c'est qu'il ne s'agit que d'apprécier des pensées et des projets.

» Oui, nobles Pairs, nous avons du moins cette consolation, que la tranquillité publique n'a pas été un seul moment compromise. Ce n'est pas un moyen de droit, je le sais ; mais enfin, n'est-ce donc pas la première et la plus puissante des considérations ?

» Enfin, quelle est la loi qu'il faudrait appliquer ?

» Louis XI avait signé le traité de Vervins ; il avait abattu l'orgueil de la maison de Bourgogne, il s'était vengé du connétable, il vivait tranquille et redouté, lorsqu'il publia cette loi qui frappa, deux siècles plus tard, le vertueux ami de Cinq-Marc. C'est dans une situation à peu près semblable, qu'en 1810 ces lois trouvèrent place dans notre Code pénal. Je n'ai pas prétendu que les lois préventives dont vous aurez à vous occuper, ne puissent appartenir qu'aux gouvernemens absolus, je comprends que les monarchies tempérées par les lois, ont aussi besoin de se défendre; mais il me semble que s'il faut frapper sans ménagement dans les temps paisibles, parce qu'alors la sédition est sans excuse, il convient de montrer plus de clémence dans ces temps que j'appellerai transitoires, où tant d'intérêts se sont trouvés froissés, dans ces temps surtout où les séductions sont devenues pour ainsi dire populaires. Est-ce après trente ans de révolutions que les agitations s'arrêtent tout-à-coup et comme par enchantement? et ne sait-on pas qu'après la tempête les flots s'agitent long-temps encore?

## N. 7.

## DISPOSITIF

*Du jugement rendu par le tribunal de police correctionnelle de Laon le 25 mars 1831, sur la poursuite de M. le procureur du Roi dudit tribunal; et sur la plainte de M. Jean-Antoine-Maurice Cassan de Floirac, ancien payeur du département de l'Aisne, demeurant à Laon; contre M. Jules-Louis Van Nuffel, propriétaire demeurant à Bourguignon.*

Le Tribunal prononçant son jugement en exécution de celui de continuation du 19 mars présent mois;

Attendu que le sieur Van Nuffel s'est reconnu auteur d'une lettre anonyme, portant l'adresse du sieur Cassan, trouvée le 12 janvier dernier, décachetée et entr'ouverte, dans un endroit apparent d'un sentier conduisant de Mons-en-Laonnais à Saint-Julien, où est située la maison de campagne du sieur Cassan, laquelle est ainsi conçue :

« Monsieur, j'ai reçu des nouvelles de notre ami, il » paraît que tout espoir n'est pas perdu encore, la garde » nationale parisienne commence à se dégriser sur le » compte de notre infernal gouvernement; on a reçu » des nouvelles d'Edimbourg, il paraît que l'on y tient » toujours conseil avec certitude que les grandes puis- » sances n'abandonneront pas notre illustre et paternelle » famille, viendront venger et débarrasser nos malheu- » reuses victimes de Vincennes; de notre côté faisons » tous nos efforts pour nous insinuer dans l'esprit popu- » laire, avec de l'argent on en viendra à bout, et nous » écraserons la tête du serpent libéral; le correspondant » a dû vous remettre la missive dont il était chargé, qui » sera, je crois, l'objet de la première réunion.

» Mille choses honnêtes à madame votre épouse et à » madame Bouté. »

Attendu que cette lettre est diffamatoire pour le sieur Cassan, en ce que faisant supposer une similitude d'o- pinion entre lui et le rédacteur de l'écrit, on y qualifie le gouvernement existant, d'infernal, qu'elle est d'ail- leurs rédigée d'une manière à faire croire le sieur Cassan auteur ou complice d'un complot tendant au renverse- ment des institutions actuelles, en participant à des réunions ayant pour objet d'attirer en France les ar- mées étrangères, et de rappeler la dynastie déchue; que ces imputations sont de nature à porter atteinte à l'hon- neur et à la considération du sieur Cassan;

Attendu que l'état dans lequel était l'écrit quand il a été trouvé, l'endroit apparent où il l'a été, et ce fait, que le sentier où on l'a ramassé était habituellement

parcouru par le sieur Cassan, en se rendant à sa campagne de Saint-Julien, indiquent assez qu'il a été exposé à dessein dans un lieu public;

Attendu que Van Nuffel prétend vainement qu'en
écrivant la lettre dont s'agit, il n'avait d'autre intention
que celle de mystifier le sieur Cassan, que réfléchissant
ensuite aux conséquences graves et fâcheuses qu'elle
pourrait, suivant lui, avoir pour le sieur Cassan, il
l'avait décachetée et mise dans sa poche, comme papier
inutile, et que le 11, allant à Mons-en-Laonois, cette
lettre serait tombée par mégarde de sa poche, à l'endroit où elle a été trouvée;

Qu'en effet, s'il n'avait eu que l'intention de faire
naître des espérances chimériques dans l'esprit du sieur
Cassan, il se serait gardé d'y parler de réunions auxquelles celui-ci aurait participé, puisque connaissant
l'inexactitude de ce fait, le sieur Cassan ne devait attacher aucune importance à ce que lui annonçait le
commencement de la lettre; qu'il est facile de reconnaître, d'après l'esprit dans lequel elle a été rédigée,
qu'elle était destinée à être rendue publique, et non à
opérer une mystification;

Attendu que l'intention de diffamer le sieur Cassan
est démontrée par les propos tenus à différentes époques par le sieur Van Nuffel;

Que causant un jour avec le témoin de Hédouville,
de Crépy, de l'organisation de la garde nationale, il lui
dit : qu'on n'en aurait pas besoin dans le pays, parce
qu'on était extrêmement tranquille, que cela ne servirait, suivant les habitans, que pour deux maisons, celle
du Curé et celle de M. Cassan, et qu'il ajouta : *Voilà ce
que c'est de ne point être aimé dans le pays;*

Que le 27 janvier, parlant avec le sieur Poinçot de la lettre devenue publique, il s'exprima ainsi : « Ce qu'il y » a de plus fâcheux pour le sieur Cassan, c'est qu'on dit » qu'il paraît, d'après cette lettre, qu'il n'est pas étran- » ger aux incendies qui désolent le département. »

Attendu que l'ensemble de ces faits ne permet pas de douter que le sieur Van Nuffel n'ait exposé, à dessein, la lettre dans le lieu où elle a été trouvée;

En ce qui concerne l'affiche du jugement :

Vu l'article 26 de la loi du 26 août 1819;

Attendu que dans l'espèce, la publicité qu'a reçue la diffamation, exige une réparation de même nature.

En ce qui touche les dommages-intérêts:

Attendu que les dommages-intérêts ne doivent être que de la perte que l'on a éprouvée, et que dans l'es- pèce le sieur Cassan ne justifie d'aucune perte réelle, autre que celle résultant des frais du procès actuel.

En ce qui concerne les dépens;

Vu l'article 157 du décret du 18 juin 1811 ;

Attendu que toute partie civile, soit qu'elle succombe ou non, est personnellement tenue des frais, sauf son recours, s'il y a lieu, contre le prévenu.

Par ces motifs :

Le tribunal déclare Jules-Louis Van Nuffel, coupable d'avoir, le 11 janvier, dernier par un écrit exposé à dessein dans un lieu public, diffamé le sieur Cassan de Floirac, et attendu que ce fait constitue à sa charge le délit prévu par les articles 1er, 13 et 18 de la loi du 17 mai 1819, faisant application desdits articles, ensemble l'article 26 de la loi du 26 mai 1819, lesquels articles ont été lus par M. le président, et sont ainsi conçus :

Article 1er. « Quiconque, soit par des discours, des » cris ou menaces, proférés dans des lieux ou réunions

» publics, soit par des écrits , des imprimés, des dessins,
» des gravures, des peintures ou emblêmes vendus ou
» distribués, mis en vente ou exposés dans des lieux ou
» réunions publics , soit par des placards ou affiches ex-
» posés au regard du public, aura provoqué l'auteur ou
» les auteurs de toute action qualifiée crime ou délit, à la
» commettre, sera réputé complice et puni comme tel. »

Article 13. « Toute allégation ou imputation d'un fait
» qui porte atteinte à l'honneur et à la considération de la
» personne ou des corps auquel le fait est imputé, est
» une diffamation ; toute expression outrageante, termes
» de mépris, ou invective qui ne renferme l'imputation
» d'aucun fait, est une injure. »

Article 18. « La diffamation envers les particuliers sera
» punie d'un emprisonnement de cinq jours à un an , et
» d'une amende de 25 francs à 2,000 francs, ou de l'une
» de ces deux peines seulement, selon les circonstances. »

Article 26. « Tout arrêt de condamnation contre les
» auteurs ou complices des crimes ou délits, commis par
» voie de publication, ordonnera la suppression ou la
» destruction des objets saisis , ou de tous ceux qui pour
» ront l'être ultérieurement, en tout ou en partie, sui-
» vant qu'il y aura lieu pour l'effet de la condamnation.

» L'impression ou l'affiche de l'arrêt pourront être or-
» données aux frais du condamné.

» Ces arrêts seront rendus publics, dans la même forme
» que les jugemens portant déclaration d'absence. »

Le condamne en trois mois d'emprisonnement, en
cent francs d'amende.

Ordonne l'impression du présent jugement au nombre de trois cents exemplaires, dont un cent sera pla-

cardé dans la ville de Laon et les communes environ-
nantes, et le surplus remis au sieur Cassan, le tout aux
frais de Van Nuffel.

Condamne Van Nuffel à payer au sieur Cassan 100
francs à titre de dommages-intérêts.

Condamne le sieur Cassan aux dépens envers le ministère public.

Condamne Van Nuffel à indemniser le sieur Cassan
des frais par lui faits et de ceux mis à sa charge, lesquels dépens sont liquidés, savoir : ceux du sieur
Cassan à 16 francs 8 centimes, et ceux faits par M. le
procureur du Roi, à la somme de 56 fran s 95 centimes,
y compris timbre et enregistrement et extraits du présent, mais non compris les frais pour l'exécution du
jugement.

Ainsi fait et prononcé à l'audience publique dudit tribunal ledit jour vendredi 25 mars 1830, par MM. *Lau-
rendeau*, vice-président, *François*, *L. A. L'Eleu de la
Simonne, Lemor*, juges ; en présence de M. *Duval*, subs-
titut de M. le procureur du Roi et tenant la plume ; le
sieur *Duval*, commis-greffier, lesquels ont signé la mi-
nute du présent jugement, au bas de laquelle est la
mention suivante :

Enregistré à Laon, le 7 avril 1831, folio 160, case 5 ;
reçu 3 francs 30 centimes décime compris.

*Signé* GANCEL.

Mandons et ordonnons, etc.

Pour extrait conforme délivré par le greffier du tribunal.

*Signé* MINOST.

9 782014 050776